für Tiara, Timi und Diego

VERDURA ITALIANA

YVONNE TEMPELMANN

VERDURA ITALIANA

Gemüseküche – original italienisch

HÄDECKE

Bildlegenden zu Seite 10 und 11

1 Der lauschige Garten des Ristorante «La Grotta» in Montepulciano

2 Gastgeber im Ristorante «Il Satiro» in Rapolano-Terme, Carmen und Claudio Giardiniere

3 So gepflegt ist der Tisch bei Regina und Gaudenz gedeckt

4 Luciano, «Rechte Hand» von Salvatore in der Enoteca «Il bacco felice»

5 Italianità pur im Ristorante Conte Matto, Trequanda

6 Der Nonno versammelt die ganze Familie von Domenica und Carolina um sich

7 Die wunderschöne Kirche in Trequanda

8 Marktstimmung in Arezzo

Fondazione: Il Giardino di Daniel Spörri
«HIC TERMINUS HAERET»
58038 Seggiano (GR) Italy
Telefon 0039/0564 950457
Fax 0039/0564 950026
Internet www.danielspoerri.org

Lizenzausgabe für Hädecke Verlag, D-71526 Weil der Stadt

Gestaltung Umschlag und Inhalt: Dora Eichenberger-Hirter, Birrwil
Rezept- und Gemüsebilder: Yvo Kuthan, Zürich
Stimmungsbilder: Yvonne Tempelmann, Zürich
Fotokochen: Armin Zogbaum, Zürich
Printed in Germany

ISBN 3-7750-0389-4

INHALT

INHALT

1

2

3

GRAZIE MILLE

Einmal mehr durfte ich in vielen privaten und professionellen Küchen unter die Deckel der Kochtöpfe gucken, diesmal, um Wissenswertes zum italienischen Gemüse zu ergründen. Deshalb gilt mein Dank wieder an allererster Stelle allen Rezeptautorinnen und -autoren, privaten und professionellen Köchinnen und Köchen. Erst das großzügige Lüften ihrer Kochgeheimnisse führte zur Vielfalt, die auch die regionalen Verschiedenheiten der italienischen Küche widerspiegelt. Aber auch allen meinen Freunden und Bekannten, die mit Tipps und Anregungen nicht geizten und nachsichtig waren, wenn mit mir eine Zeit lang nur über Gemüse diskutiert werden konnte, danke ich natürlich herzlich.

Un grande grazie a tutti gli amici italiani per avermi rivelato le loro ricette segrete e quelle di loro madri, nonne, zie e figlie. Un ringraziamento particolare a Salvatore Massaro a Zurigo, il quale mi ha aperto le porte dei suoi famigliari rimasti in Puglia (dove è nato anche lui), permettendo cosi il mio primo avvicinamento a una cultura profondamente radicata in antiche tradizioni. Tante grazie a tutti!

Yvonne Tempelmann

5

6

7

8

VERDURA ITALIANA

Italienische Gemüse wie Peperoni, Tomaten, Auberginen, Zucchini und andere mehr – eigentlich ein unspektakuläres Thema. Sie gehören zum italienischen Gemüsefundus, sind jedoch auch in den anderen südeuropäischen Küchen verwurzelt. Also eher mediterrane, Mittelmeer-heimische Gemüse? Da käme man der Sache vielleicht schon näher, gäbe es da nicht ein paar «Exoten», die eben doch am häufigsten in Italiens Küchen verwendet werden. Cima di rapa (Stängelkohl) beispielsweise, Catalogna, die Blattzichorie, Barba di frate, bei uns – wenn überhaupt – als Kapuziner- oder Mönchsbart bekannt, oder die Carciofi, die Artischocken, von denen die köstlichsten im tiefen Süden Italiens, nämlich in Sizilien angebaut werden.

DER SPRUNG NACH NORDEN

Wer je Apulien bereist hat, den Absatz des Stiefels, hat – bewusst oder unbewusst – endlose Felder an sich vorbeiziehen sehen, auf denen Auberginen, Stängelkohl und Blattzichorien kultiviert werden, die dort seit Generationen die Grundlagen vieler überlieferter Gerichte bilden. Sie blieben sozusagen «auf der Scholle», bis in den Jahren nach dem Zweiten Weltkrieg zahllose italienische Auswanderer in die Länder nördlich der Alpen zogen, wo der wirtschaftliche Aufschwung schneller als in ihrer Heimat vor sich ging und ihre Arbeitskraft willkommen war. Mit ihrem Arbeitswillen brachten sie aber auch ihr Heimweh mit, nach der Sonne im viel wärmeren Klima, nach der gewohnten Lebensart, nach fröhlichen Liedern. Heimweh lässt sich nun, das wissen vielleicht manche aus eigener Erfahrung, auch über den Kochtopf stillen: Nahrungsmittel, wie man sie zu Hause kennt, Küchendüfte, wie sie auch durch die Küchen «a casa» zogen. Was war da logischer, als dass sich bald auch italienische Gemüsehändler nördlich der Alpen ansiedelten, so dass ihre Landsleute wenigstens einige bekannte Nahrungsmittel und damit heimische Essgewohnheiten ein Stück weit in die neue Heimat umsiedeln konnten?

Das indes ist lange her. Heute sind auf den Gemüsemärkten die «Italiener» – ebenso wie anderen Ländern zugehörige Lebensmittelhändler – nicht mehr wegzudenken. Sie haben unsere Küchen revolutioniert und bereichert, haben sie vielfältiger und bunter werden lassen – für den Gaumen wie für die Augen!

GEMÜSE – NAHRUNG UND NATURAPOTHEKE

Gemüse ist für unsere Gesundheit von großer Bedeutung. Es bildet die Grundlage für einen gesunden Stoffwechsel mit seinen vielfältigen Lebensfunktionen, eine Erkenntnis, die breit abgestützt ist und bereits im Altertum bekannt war. Schon im alten Ägypten wurde zum Beispiel Spargel nicht nur seines köstlichen Geschmacks wegen geschätzt, auch seine heilkräftigen Wirkungen waren bereits bekannt. Viele ursprünglich vor allem auf dem südamerikanischen Kontinent heimische Gemüse-Wildformen wurden zu Beginn der Neuzeit von Seefahrern nach Europa gebracht. In den Klostergärten der Benediktiner- und Zisterzienserorden wurden sie schon früh kultiviert und haben von dort ihren Weg in die heutige Agrarwirtschaft und in private Gemüsegärten gefunden. Traditionelle Anbaumethoden wurden hinterfragt, korrigiert und optimiert, und die Grundgedanken eines möglichst schadstoffarmen, natürlichen biologischen Gemüseanbaus fanden vermehrt auch Eingang in den gewerblichen Gemüseanbau. Vor allem in den letzten zwei Jahrzehnten aber wurden von Wissenschaft und Forschung weitere Erkenntnisse gewonnen, welche die bisher bekannten Fakten nicht nur stützen, sondern auch noch nicht bekannte Zusammenhänge offen legten.

So ist nicht nur erwiesen, dass Gemüse den größten Teil der von unserem Organismus benötigten Vitamine und Mineralstoffe liefert. Erhärtet sind auch die positiven Auswirkungen der Ballaststoffe, die lange zu Unrecht nur als «Ballast» und somit als überflüssig betrachtet wurden. Oder jene der so genannten

«sekundären Pflanzeninhaltsstoffe», die als Geschmacks- und Farbstoffe im Gemüse reichlich enthalten sind und deren gesundheitsfördernde Wirkung inzwischen ebenfalls belegt ist. Eiweiße (Proteine) benötigt der Organismus vor allem zum Aufbau und Erhalt von Körpersubstanz. Die Qualität des pflanzlichen Eiweißes ist dabei wesentlicher als die Menge: Etwa ein Drittel davon sollte pflanzlicher Herkunft sein. Um diese Eiweiße optimal zu verwerten, erweisen sich bestimmte Nahrungsmittelkombinationen als besonders günstig, wie zum Beispiel die Kombination von Kartoffeln mit Ei, von Milchprodukten, Fleisch oder Fisch mit Kartoffeln oder von Hülsenfrüchten mit Getreide. Was bedeutet, dass im Alltag darauf geachtet werden sollte, auf dem täglichen Speisezettel so oft wie möglich diese Kombinationen zu berücksichtigen.

Es ist überdies hinlänglich bekannt, dass viele Zivilisationskrankheiten auf den Genuss von zu viel Fett (und zu viel Zucker) zurückzuführen sind, und es ist auch erwiesen, dass es Vitamine gibt, die nicht wasser-, sondern fettlöslich sind, ohne Fettanteil in der Nahrung also von unserem Körper gar nicht aufgenommen werden. Dem kommt der Genuss von Pflanzenfetten (z. B. Oliven- und anderen Pflanzenölen) entgegen, die kein Cholesterin, dafür viele der regulierend wirkenden ungesättigten Fettsäuren enthalten.

VON DER THEORIE ZUR PRAXIS

Nun sind auch Gemüsepflanzen «Individualisten» und unterstützen unsere Gesundheit mit unterschiedlichen Wirkstoffen. Darüber geben die nachstehenden «Gemüseporträts» Auskunft. Dieses Wissen allein genügt jedoch nicht für eine gesunde und bekömmliche Ernährung; zusätzlich sind Küchentheorie und -praxis von Bedeutung. Von den zahlreichen Vorzügen des Angebots aus der Natur Kenntnis zu haben, sie aber nicht zu nutzen, wäre in dieser Sache nicht nur ignorant, sondern unverzeihlich.

Es geht um Einkauf, Lagerung und Zubereitung, aber auch um Fertigkeit und letztlich Routine in der Küche. Eindrücklich wird dies klar, wenn man etwa im Kochbuch «La scienza in cucina e l'arte di mangiar bene» von Pellegrino Artusi blättert. Unter Kochfanatikern gilt das Buch, das in Italien längstens unter «l'Artusi» («der Artusi») kursiert, fast als Kultbuch; bei unseren südlichen Nachbarn ist es beinahe so berühmt wie das legendäre Kinderbuch «Pinocchio» von Carlo Collodi.

Pellegrino Artusi, 1820 geboren, lebte viele Jahre als erfolgreicher Kaufmann in Florenz und starb 1911 in der Toskana. Seine Leidenschaften waren die Literatur und das Kochen. Daraus resultierte der legendäre Rezeptband, der 790 Rezepte und viele anekdotische und philosophische Gedanken enthält. Herausgegeben hat er ihn 1891, bereits im Ruhestand. Und zwar im Selbstverlag, mit einer ersten Auflage von 1000 Stück, denn kaum jemand glaubte an einen Erfolg. Das war eine grobe Fehleinschätzung. In den folgenden 20 Jahren wurde er – inzwischen durch einen renommierten Verlag – 14 Mal neu aufgelegt; 1931 waren bereits 32 Auflagen des «Artusi» erschienen. Die Anzahl verkaufter Exemplare lag 1983 bei 900'000. Mit diesem Rezeptbuch soll Artusi eine kleine Revolution in der gastronomischen Kultur jener Epoche ausgelöst haben, ist nachzulesen. Wesentlicher aber scheint mir, dass ihm etwas Wichtiges gelungen ist: Er ermuntert seine Leserinnen und Leser, sich ohne Rücksicht auf Vorkenntnisse an die Kochtöpfe zu wagen. Denn, so schreibt er, «auch ich selber musste manches Rezept mehrmals wiederholen und ausprobieren, bis mich das Resultat zufrieden stellte, denn der beste Lehrmeister ist die Praxis. Es braucht Beharrlichkeit, Leidenschaft und Aufmerksamkeit, man sollte sich zur Regel machen, präzise zu arbeiten und auf Qualität zu achten, um Erfolg zu haben.» Das gilt natürlich auch heute noch. Ein weiterer Satz dürfte immer noch Zögernde ermutigen, sich unverzagt an den Herd zu begeben:» Die Küche ist spitzbübisch (è una bricconcella), sie enttäuscht oft

und gerne. Doch wenn etwas Neues gelungen oder eine Schwierigkeit überwunden ist, gibt sie auch Genugtuung und Freude, was Wohlgefallen und sogar ein bisschen Siegesbewusstsein erzeugt.» Wem gefiele diese Aussicht nicht …

FRISCHE UND QUALITÄT – DIE SCHLÜSSEL ZUM ERFOLG

Auch wenn Artusis Rezepte zwar ein interessantes kulinarisches Bild des vergangenen Jahrhunderts zeichnen, aber kaum noch den Standards unserer Zeit entsprechen, so hat seine grundsätzliche Kochphilosophie doch bis heute Gültigkeit – dies ganz besonders, wenn es um Gemüse geht. Qualität heißt hier vor allem Frische, möglichst kurze Lagerung und schonende Zubereitung. Auch Artusi legte schon höchsten Wert auf gut geschliffene, scharfe Messer – etwas, was bis heute für jeden professionellen Koch und jede Köchin heilig ist! Darauf weist auch Fabio Picchi, Patron des berühmten Ristorante «Cibreo» in Florenz hin, in dessen Küche «Berge von Zwiebeln mit langen blitzenden Küchenmessern geschnitten werden, weil es keine Küchenmaschine gibt, welche die Zwiebeln nicht zerquetscht.»

Diese fundamentale Weisheit lässt sich in Alice Vollenweiders «Küche der Toskana» nachlesen, die im selben Kapitel auch das Geheimnis eines «soffritto» preisgibt, dieses Gemisch von Zwiebel, Karotte und Sellerie, das die Grundlage fast jeder Zuppa, Minestrone oder Pastasauce bildet. Der kleine Band der Schweizer Romanistin Alice Vollenweider führt überhaupt mit so viel Liebenswürdigkeit und fundiertem Wissen an die italienische Küche (und Lebensart!) heran, dass er allen, die darüber mehr erfahren möchten, herzlich zur Lektüre empfohlen sei!

Um die «Soffritti», die sorgfältig klein geschnittenen, in Olivenöl angedünsteten Zwiebeln, Karotten und Sellerie, kommt man übrigens auch in den meisten der nachstehenden Rezepte nicht herum. So viele unterschiedliche Quellen ihnen zu Grunde liegen – eines ist ihnen fast immer gemeinsam: der Beginn des sorgfältigen, geduldigen Andünstens verschiedener Zutaten, auch wenn es sich einmal nur um Zwiebeln, ein andermal noch um einige zusätzliche aromatische Kräuter oder Gemüse handeln sollte. Darüber, dass das Gelingen eines Gerichtes schon von diesem kleinen, aber eben präzis und geduldig durchzuführenden Vorgang abhängen kann, sind sich der längst verstorbene Artusi, die gegenwärtigen Spitzenköche Italiens und die zahlreichen Rezeptautorinnen und -autoren des vorliegenden Buchs völlig einig. Und spätestens dann, wenn aus Ihrem Kochtopf dieser unvergleichliche Duft aufsteigt, wenn sich die Aromen im langsam erwärmenden Öl entwickeln und vermählen, spätestens dann wird sich auch Ihnen die beglückende Zufriedenheit mitteilen, «wenn in der Küche etwas Neues gelingt oder eine Schwierigkeit überwunden ist»!

ZUR KÜCHENPRAXIS

Die Rezepte sind, wo nichts anderes vermerkt ist, für 4 Personen berechnet.

Fast immer haben die Köchinnen und Köche, die mir ihre Rezepte überliessen, darauf hingewiesen, dass Reste, die beim Gemüseputzen zwangsläufig anfallen, nicht weggeworfen, sondern für eine Gemüsebrühe verwendet werden, die als Basis für Suppen und Saucen immer willkommen ist.

ASPARAGI
SPARGEL

Könnte man dem Gemüseangebot auf den Märkten blind vertrauen, würde das Entdecken eines Grünspargelbundes klar den Frühling verkünden. Denn der einheimische Grünspargel kann frühestens im April geerntet werden. So einfach ist es heutzutage aber nicht, da grüner Spargel schon bedeutend früher aus wärmeren Anbaugebieten in Übersee importiert wird.

Als Wildform vermutlich aus Vorderasien stammend, wo er in Steppengebieten und in sandigen Meeresdünen wächst, ist «Asparagus officinalis L.», die botanische Bezeichnung dieser Gemüsepflanze, heutzutage auch in West-Sibirien und in Nordafrika heimisch, wird jedoch auch in den USA (Kalifornien), Kanada sowie Süd- und Mitteleuropa – in Regionen mit gemäßigtem Klima – an warmen, sonnigen Standorten kultiviert. Grüner und weißer Spargel wird heute das ganze Jahr über importiert. Der hiesigen Frühjahrsdelikatesse kann jedoch kein Importspargel den Rang ablaufen – mit Ausnahme der feinen Grünen aus Italien! Dort wächst Grünspargel sogar noch als «asparago selvatico» – als Wildspargel –, etwa auf Sardinien und Sizilien. Kürzer als die kultivierten Pflanzen und mit dünnerem Stängel, ist er auch für Laien als delikate Wildpflanze erkennbar.

Generell ist der italienische Spargel immer dünner und kürzer als der hiesige Grünspargel, jedoch aromatischer und kräftiger im Geschmack. Auch in Italien wird er nur bis zum Johannistag, dem 24. Juni, geerntet. Dann werden die Pflanzen wieder dem Kreislauf der Natur überlassen, so dass die Wurzelstöcke erneut Aufbaustoffe für die nächste Ernte bilden können.

Im Gegensatz zum Bleichspargel, der dank dem Aufhäufen von Erdwällen um die Sprossen bleich und zart bleibt, wird grüner Spargel ziemlich dicht auf ebenem Feld kultiviert und ist Licht und Sonne ausgesetzt. Dadurch entwickelt sich Chlorophyll, das ihm den aromatischeren und kräftigeren Geschmack verleiht. Spargel ist kalorienarm und sehr gesund: Er enthält die Vitamine C und E, wichtige Vitamine der B-Gruppe, Folsäure, Kalium, Zink u. v. m. – eine kleine Hausapotheke sozusagen, denn er stärkt das Immunsystem, entwässert und entsäuert den Körper und wirkt deshalb belebend auf den Stoffwechsel.

Grüner Spargel braucht, wenn überhaupt, nur dünn geschält zu werden. Holzige Enden müssen großzügig gekürzt werden. In der Regel liegt die Kochzeit bei 8 bis 10 Minuten, je nach Stängeldicke. Oft wird dem Spargelkochwasser nebst Salz ein wenig Butter und Zitrone beigefügt. Selbstverständlich kann Spargel auch in einem gut verschließbaren Kochtopf mit sehr wenig Wasser gegart oder im Dämpfsieb im Dampf gegart werden.

Die simpelste Art, grünen Spargel all'italiana zu genießen: Nach gewünschter Garmethode gar kochen, sorgfältig aus dem Sud heben (Spargelkocher, in dem der Spargel aufrecht stehend gart, was die zarten Spitzen besonders schont, sind empfehlenswert), großzügig mit einem «filo d'olio» aromatisieren und Parmesankäse frisch darüber reiben. Delikat!

FAGOTTINI AGLI ASPARAGI
GEFÜLLTE TEIGWAREN AN GRÜNER SPARGELSAUCE

500 g Fagottini

1 kg grüner Spargel

8 EL natives Olivenöl extra

300 g Cherrytomaten, Stielansatz entfernt, halbiert

1 Prise zerkrümelter getrockneter Peperoncino

Salz nach Belieben

1 EL Mascarpone

1 Die Spargelenden großzügig kürzen, das untere Drittel schälen. Die Spargeln in einem großen Kochtopf im Salzwasser al dente kochen. Aus dem Wasser nehmen. Die Spargelspitzen abschneiden (siehe Foto), den Rest in 1 bis 2 cm lange Stücke schneiden.

2 In einer Pfanne das Olivenöl erhitzen, Peperoncini und Tomaten darin andünsten. Wenig warmes Wasser dazugießen, die Tomaten bei schwacher Hitze garen, sie sollen nicht zerfallen. Mit etwas Salz abschmecken. Den Spargel und den Mascarpone dazugeben und alles sorgsam vermengen.

3 Die Fagottini in einem Kochtopf in reichlich Salzwasser al dente kochen, in ein Sieb abgießen, abtropfen lassen und zur Spargelsauce geben. Bei starker Hitze kurz schwenken, bis alles gut vermengt ist. Heiß servieren!

Fagottini (Säckchen)

Frische, mit Rohschinken gefüllte Pasta. Sie können für dieses Rezept auch durch andere gefüllte Teigwaren, z. B. Tortellini oder Ravioli, ersetzt werden.

TAGLIOLINI ASPARAGI E FUNGHI PORCINI
NUDELN AN SPARGEL-STEINPILZ-SAUCE

300 g frische, schmale Eiernudeln

6 EL natives Olivenöl extra
1 kleine Zwiebel, fein gehackt
500 g Steinpilze
fein zerkrümelter getrockneter Peperoncino
400 g grüner Spargel
Salz
frisch gemahlener Pfeffer
1/2 Sträußchen glattblättrige Petersilie
natives Olivenöl extra

1 Die Steinpilze putzen und in große Stücke schneiden. Falls keine frischen Steinpilze erhältlich sind, können tiefgekühlte verwendet werden (getrocknete Pilze eignen sich nicht für dieses Gericht). Die Petersilienblättchen von den Stielen zupfen, die Hälfte ganz lassen, den Rest fein hacken.

2 Die Spargelenden unten großzügig kürzen, das untere Drittel schälen. Die Spargel halbieren. In einem großen Kochtopf im Salzwasser al dente kochen. Die Spargelspitzen erst bei halber Kochzeit zufügen, damit sie schön knackig bleiben. In ein Sieb abgießen.

3 In einer Pfanne das Olivenöl erhitzen, gehackte Zwiebeln und Steinpilze darin andünsten, Peperoncini unterrühren, mit Salz und Pfeffer würzen. Unter gelegentlichem Rühren etwa 15 Minuten bei schwacher Hitze dünsten. Den Spargel zufügen, 3 bis 5 Minuten köcheln lassen.

4 Die Nudeln in einem Kochtopf in reichlich Salzwasser al dente kochen, in ein Sieb abgießen. Zur Sauce geben, gut vermengen.

5 Das Nudelgericht In vorgewärmten Suppentellern anrichten, die Petersilie darüber streuen, mit etwas Olivenöl beträufeln.

So viel Steinpilze?

Da frische Steinpilze während der Saison in Italien meistens bedeutend billiger sind als bei uns, ist die relativ große Menge in diesem Rezept genau richtig – und, besonders für italienische Verhältnisse, vertretbar, meint die Köchin Christina!

RISOTTO PRIMAVERA
FRÜHLINGSRISOTTO

Gemüsesud

10 grüne Spargel, geschält (ohne Spitzen, diese werden für den Risotto verwendet)

2 kleine Zucchini, geviertelt

2 Mangoldblätter

Salz

Risotto

40 g Butter

1 Zwiebel, fein gehackt

1 kleiner Zucchino, klein gewürfelt

4 Zucchiniblüten, nur Blütenblätter, in feinen Streifen

8 zarte Spinatblätter, in feinen Streifen

2 Blätter Cicorino rosso/Radicchio di Verona, in feinen Streifen

10 grüne Spargelspitzen

250 g Reis (Carnaroli oder Arborio superfino)

10 Baldrianblätter, fein gehackt

10 Basilikumblätter, fein geschnitten

10 Schnittlauchhalme, fein geschnitten

frisch gemahlener weißer Pfeffer

Salz

2 EL frisch geriebener Parmesan

1 In einem Kochtopf 2 bis 3 Liter Wasser mit Spargel, Zucchini und Mangoldblättern aufkochen, salzen, rund 20 Minuten bei mittlerer Hitze kochen. Dieser Gemüsesud wird als Flüssigkeitszugabe beim Zubereiten des Risottos verwendet. Er muss ständig knapp unter dem Siedepunkt gehalten werden.

2 In einem Kochtopf die Butter erhitzen und die Zwiebeln darin 3 Minuten dünsten. Alles Gemüse beifügen und bei schwacher Hitze mitdünsten. Nach 10 Minuten den Reis zugeben und unter Rühren glasig werden lassen. Nach und nach unter ständigem Rühren den Gemüsesud zugeben und jeweils einkochen lassen. Nach ungefähr 20 Minuten auch die gehackten und fein geschnittenen Kräuter zugeben.

3 Wenn der Reis al dente ist, vom Herd nehmen, abschmecken und mit einer Gabel den geriebenen Parmesan unterziehen. In vorgewärmten Suppentellern anrichten und etwas geriebenen Parmesan darüber streuen.

«BENEDETTI»
DER APULISCHE OSTERSPARGEL

Spargel sind in Apulien ein typisches Ostergericht, das von gekochten Eiern, Salami und Ricotta begleitet wird. Was ist das Besondere daran? Es ist der Brauch, die Eier während des Ostergottesdienstes vom Priester segnen zu lassen. Die traditionelle Mahlzeit bekommt dadurch ein besonderes religiös untermauertes emotionales Gewicht.

Claudio Gardiniere in seiner Küche im Ristorante «Il Satire» in Rapolano Terme

Küchenstimmung bei der Michelin-Stern-gekrönten Dania Masotti im Ristorante «La Chiusa» in Montefollonico

Christina Mazuoli vom Ristorante «La Grotta» in Montepulciano präpariert die Julienne für die Dinkelsuppe.

BARBA DI FRATE
MÖNCHSBART/KAPUZINERBART

Auch in Italien war «barba di frate» oder «agretto», zu deutsch Kapuziner- oder Mönchsbart, lange ein nahezu vergessenes Gemüse – in der Toskana allerdings war er nie ganz «weg vom Tisch». Er wurde schon in früheren Zeiten als äußerst gesundes Kraut als Hausmittel gegen manche Gebresten eingesetzt. Als «Plantago coronopus L.» gehört er botanisch zur Familie der Wegerich-Arten und ist bei uns und in Deutschland auch als Hirschhorn- oder Schlitzwegerich (un!)bekannt. Einen viel hübscheren Namen trägt er allerdings in der Gegend um Rom: Dort ist er – es mag mit seiner eleganten, filigranen Struktur zusammenhängen – auch als «Ballerina» bekannt! Der Genuss dieses Gemüses soll antibakterielle Wirkung haben; es wirkt desinfizierend und harntreibend und wird bei Erkrankungen der Hals- und Rachenwege empfohlen, ebenso bei akuten Geschwüren, bei Insektenstichen oder bei Neigung zu Pusteln (Furunkeln), aber auch bei Augenentzündungen.

Wild wächst der Kapuzinerbart an Meeresufern, in den Dünen, auf «prés salés», d. h. auf meernahen Wiesen, die von der Gischt stetig salzgetränkt sind, auf ton- und salzhaltigen feuchten Böden mit mildem Winterklima. Inzwischen wird der Kapuzinerbart in Italien zwar auch gewerblich angebaut, ebenso aber gibt es unter Einheimischen noch immer Geheimtipps, wo man fündig werden kann. So hat sich besonders in der Toskana die «barba di frate» als spätes Winter- oder frühes Frühlingsgemüse gehalten. Die Zubereitung ist sehr einfach: Meistens wird sie lediglich gedünstet und mit Zitronensaft beträufelt.

Bevor man sich an dieses bei uns bislang beinahe unbekannte, zunächst vielleicht auch etwas ungewohnt schmeckende Gemüse wagt, sollte man wissen, dass die Art und Weise der Vorbereitung der «Schlüssel zum Genuss» sein dürfte. Der Kauf ist eine Art Vertrauenssache. In aller Regel wird «barba di frate» als «mazzo» (Sträußchen) beim italienischen Gemüsehändler auf dem Markt angeboten oder im erstklassigen Frischkost- bzw. Delikatessengeschäft. Absolute Frische sollte garantiert sein! Zuerst werden die Wurzeln der Büschel weggeschnitten, dann werden sie sorgsam gewaschen, die Schnittlauch-ähnlichen Halme auf verdorbene Spitzen untersucht und diese pingelig entfernt. Und dann kann man sich am einfachsten Gemüserezept versuchen, das denkbar ist und – wem's schmeckt – himmlische Genüsse vermittelt.

INSALATA DI BARBA DI FRATE

MÖNCHSBART-SALAT

1/2 Büschel Mönchsbart

1 kleine Frühlingszwiebel, in feinen Scheiben

8 Cherrytomaten, Stielansatz entfernt, geviertelt

1/4 Tasse Kapernblüten

1/4 Tasse Pinienkerne

Vinaigrette

1 EL Weißweinessig

1 TL Balsamico-Essig

Salz

frisch gemahlener Pfeffer

4 EL natives Olivenöl extra

einige frische Thymianzweigchen, Blättchen abgezupft

8 hauchdünne Zitronenscheiben

1 Wie bereits im Gemüseporträt, Seite 26, erwähnt, verlangt der Mönchsbart besondere Sorgfalt beim Putzen. Es sollten, nachdem die Wurzeln abgeschnitten sind, wirklich alle unschönen Halme entfernt werden. Dann aber darf man sich auf eine Delikatesse freuen!

2 Die Vinaigrette zubereiten.

3 Sämtliche Zutaten zur Vinaigrette geben, vermengen. Mit den Zitronenscheiben garnieren, oder den Salat auf Tellern anrichten, und mit den Zitronenscheiben garnieren.

BARBA DI FRATE LESSO
GEDÜNSTETER MÖNCHSBART

2 Büschel Mönchsbart, ca. 400 g
Salz
4 Zitronenscheiben
frisch gemahlener Pfeffer
1/2 Zitrone, Saft
4 EL natives Olivenöl extra

1 Die Wurzeln des Mönchsbarts abschneiden, alle unschönen Halme entfernen.

2 In einem gut schließenden Kochtopf soviel Wasser erhitzen, dass der Mönchsbart knapp damit bedeckt wird, aufkochen und salzen. Das Gemüse zugeben und während knapp 10 Minuten sanft köcheln lassen. In ein Sieb abgießen.

3 Den Mönchsbart in eine vorgewärmte Schüssel geben oder zusammen mit den Zitronenscheiben auf Tellern anrichten, mit Pfeffer abschmecken, mit Zitronensaft und Olivenöl beträufeln.

BIETOLA
MANGOLD

Undenkbar: Eine richtige Minestrone ohne das satte Grün des Mangolds und den kräftigen Geschmack seiner Stiele! Um so unbegreiflicher eigentlich, dass auch der Mangold, botanisch «Beta vulgaris L. var. cycla lustensis», und der Krautstiel, «Beta vulgaris L. var. cycla f. crispa», die doch bereits den alten Griechen und Römern als Gemüse bekannt gewesen waren, nördlich der Alpen ebenfalls lange Jahre zu den vergessenen Gemüsen zählten.

Ursprünglich an den Mittelmeerküsten, aber auch in Südengland heimisch, wird die italienische «bietola», der Schnittmangold, heute vor allem in der Toskana und im Piemont gewerblich kultiviert. Es gibt aber auch kaum einen privaten Gemüsegarten in Italien, wo das zarte Blatt mit den im Frühling ebenso zarten, mit fortschreitender Vegetation aber kräftigen Stielen nicht während des ganzen Sommerhalbjahrs zur Bereicherung des Menüplans angebaut würde. Das Comeback nördlich der Alpen dürfte darauf zurückzuführen sein, dass Mangold und Krautstiel sich für alle Spinatrezepte verwenden lassen und darüber hinaus bedeutend mehr Inhaltsstoffe zu bieten haben als der Spinat, von dem sie lange Zeit verdrängt worden sind. Die Bietola-Saison ist übrigens ausgesprochen attraktiv: Das eiweiß- und mineralstoffreiche Gemüse ist vom Frühjahr bis in den Herbst erhältlich.

Offensichtlich zur gleichen Gemüsefamilie gehörend, wächst Schnittmangold wie Schnittspinat als einzelnes Blatt, wird aber weniger hoch (meistens höchstens 30 cm) und hat nur feine grüne Stiele. Der Krautstiel mit den breiten, weißen Blattstielen dagegen wächst als büschelige Pflanze, die eine Höhe von ca. 50 cm erlangen kann. Geerntet werden immer die äußeren Blätter der Pflanze unter Schonung der Herzblätter, was meist bis zum ersten Frost möglich ist.

Beim Krautstiel mit dem breiten weißen Stiel und dem erstaunlich zarten Blattgrün ist es in der Regel empfehlenswert, die Stiele und die grünen Blattteile getrennt zu verarbeiten, das heißt, beim Vorbereiten die grünen Teile vom weißen Stiel zu trennen. Die Stiele brauchen eine längere Garzeit als die zarten Blätter, was den separaten Garprozess legitimiert. Anders beim Schnittmangold: Mit seinem bedeutend feineren Stiel kann er wie Spinat als Ganzes verarbeitet werden. Noch ein Hinweis: Beim Schnittmangold gibt es eine rotstielige Sorte mit ausgesprochen attraktivem Aussehen. Die Freude daran dauert jedoch nur bis zum Garprozess, da sich die rote Farbe, die im Pflanzenfarbstoff Anthozyan gebunden ist, beim Kochen in ein schlichtes Grau verwandelt.

RAVIOLI ALLA BIETOLA IN CREMA DI AGLIO

MANGOLD-RAVIOLI AN KNOBLAUCHSAUCE

Ravioliteig

300 g Hartweizendunst oder 300 Weißmehl/Mehltyp 450

3 Freilandeier

1 EL natives Olivenöl extra

1/2 TL Salz

Füllung

300 g Mangoldblätter, in Salzwasser blanchiert

200 g Ricotta

30 g frisch geriebener Parmesan

2 Petersilienzweigchen, Blättchen abgezupft und fein gehackt

Salz

frisch gemahlener Pfeffer

geriebene Muskatnuss

Sauce

4 Knoblauchzehen, fein gehackt

1 dl/100 ml Gemüsebrühe

1 EL Maisstärke

1 Für den Ravioliteig den Hartweizendunst oder das Mehl auf die Arbeitsfläche häufen, eine Mulde formen. Eier, Olivenöl und Salz in die Vertiefung geben und mit einer Gabel verrühren, nach und nach das Mehl dazurühren, dann mit den Händen weiter Mehl dazukneten, bis alles Mehl aufgebraucht und ein glatter Teig entstanden ist. Aus dem Teig zwei Klöße formen, diese nochmals durchkneten und zugedeckt 20 Minuten ruhen lassen. Die beiden Klöße halbieren. Den Teig auf der bemehlten Arbeitsfläche mit dem Nudelholz portionsweise ganz dünn ausrollen und in die gewünschte Form schneiden. Den noch nicht verarbeiteten Teig immer mit einer umgedrehten Schüssel zudecken, damit er nicht austrocknet.

2 Für die Füllung sämtliche Zutaten vermengen, mit Salz, Pfeffer und Muskatnuss würzen, in einen Spritzsack füllen.

3 Einen Teigstreifen auf die Arbeitsfläche legen und mit dem Spritzsack (oder mit einem Esslöffel) in Abständen von etwa 8 cm ein Häufchen Füllung darauf geben. Die Teigränder mit Wasser befeuchten, einen zweiten gleich langen und breiten Teigstreifen darüber legen, mit den Fingern gut andrücken. Die einzelnen Ravioli mit dem Teigrädchen abtrennen, die Schnittränder mit den Fingern ebenfalls zusammendrücken. So entstehen quadratische Ravioli von etwa 8 cm x 8 cm. Für runde Ravioli braucht man einen runden Ausstecher, im übrigen ist das Vorgehen dasselbe!

4 In einer Pfanne Knoblauch, Gemüsebrühe und Maisstärke gut verrühren, aufkochen, bei eher schwacher Hitze unter Rühren köcheln lassen, bis die Sauce die gewünschte Konsistenz hat.

5 In einem Kochtopf reichlich Salzwasser aufkochen. Die Ravioli zufügen, bei starker Hitze an die Oberfläche steigen lassen. Garprobe machen! Dann mit einem Schaumlöffel herausnehmen, 4 bis 5 Ravioli auf jeden Teller legen, reichlich Knoblauchsauce darüber gießen.

VERDURA DI BIETOLA E POMODORI

MANGOLDGEMÜSE MIT TOMATENSAUCE

500 g Mangold

300 g Tomaten (es können auch Pelati aus der Dose sein)

1 dl/100 ml natives Olivenöl extra

2 Knoblauchzehen, leicht zerquetscht

wenig frischer Peperoncino, in feinen Scheiben, oder 1–2 Prisen zerkrümelter getrockneter Peperoncino

Salz

1 EL natives Olivenöl extra

1 Die Mangoldblätter samt Stiel in 6 bis 7 cm breite Stücke schneiden. In einem Kochtopf unter Zugabe von wenig Wasser etwa 5 Minuten dämpfen, in ein Sieb abgießen und abtropfen lassen.

2 Die Tomaten an der Spitze kreuzweise einschneiden, in einem Schaumlöffel in kochendes Wasser tauchen, bis sich die Haut löst. Unter kaltem Wasser abschrecken. Die Früchte schälen, den Stielansatz kreisförmig herausschneiden, dann vierteln und entkernen. Die Tomatenviertel pürieren.

3 In einem Kochtopf das Olivenöl erhitzen, die Knoblauchzehen darin hellgelb dünsten, das Tomatenpüree zufügen und bei schwacher Hitze einige Minuten weiterdünsten. Die Knoblauchzehen entfernen, den abgetropften Mangold zufügen und mit der Sauce vermengen, mit Salz würzen, den zerkrümelten Peperoncino unterrühren. Aufkochen, ein paar Minuten weiterköcheln. Nach Belieben mit Salz abschmecken, vor dem Servieren einen Esslöffel Olivenöl darüber träufeln.

BROCCOLI
BROKKOLI

Ernährungsspezialisten bezeichnen Brokkoli – der aus der Familie der Kohlgemüse stammt und als Vorfahre des Blumenkohls betrachtet wird – als ernährungsphysiologisches Kleinod. Gilt doch «Brassica oleracea var. botrytis italica», so die botanische Bezeichnung, als eines der gesündesten Gemüse überhaupt. Brokkoli enthält einen um 60 Prozent höheren Vitamingehalt und sechzigmal mehr Karotin als der schon sehr gesunde Blumenkohl, und zudem viele Vitalstoffe, er wirkt entwässernd und blutdruckregulierend und ist mit seinen natürlichen Antioxidantien ein hochgepriesener Radikalenfänger (Radikale sind für die Zellzerstörung verantwortlich). Wie dem Schwarzkohl wird auch ihm eine große Bedeutung als Nahrungsmittel nachgesagt, das dem Krebs vorbeugen hilft. Zudem ist er leicht verdaulich und damit bei kleinen Unpässlichkeiten eine geeignete Schonkost, sofern nur die zarten Blütenstände (ohne die Stiele) verwendet werden.

Mit diesem beachtlichen Katalog von gesundheitlichen Vorzügen, gepaart mit einem feinen, delikaten Kohlgeschmack, hat sich Brokkoli verständlicherweise fast weltweit als eines der beliebtesten Gemüse etabliert. Wenn er auch ursprünglich aus Kleinasien bzw. dem südöstlichen Mittelmeerraum stammt, so sind heute nebst Italien auch Frankreich und Spanien wichtige Anbauländer. Laut einer Erhebung des italienischen Instituts für Agrarwirtschaft in Rom sind Umbrien, das Veneto und die Toskana die Hauptanbaugebiete. Doch auch in Süditalien – Apulien, Kalabrien und Sizilien – sind Brokkoligerichte recht geläufig; sie werden dort oft mit Paprikaschoten gewürzt und mit Sardellen aufgepeppt.

Brokkoli kommt in zwei Varianten auf den Markt: als Kalabreser Kohl, der eine dichte Blume bildet, und als Sprossenkohl, der aus deutlich unterscheidbaren, dicht aneinandersitzenden Knospen besteht, die auf zahlreichen Stielen samt Seitentrieben sitzen, und keine geschlossene Blume bildet. Bei beiden Arten interessieren als Gemüse die Stiele und die Knospen, während die Blätter eine untergeordnete Rolle spielen und in der Regel wie der harte Strunk beim Putzen entfernt werden.

Übrigens ist es empfehlenswert, den Brokkoli für den Garprozess in die einzelnen Röschen aufzuteilen. Dies verkürzt die Garzeit, begünstigt den Erhalt der Vitamine und der Mineralstoffe – und verhindert überdies das Verkochen der zarten Röschen, welches droht, falls Brokkoli «am Stück» gegart wird.

PAN LAVATO
«GEWASCHENES BROT»

4 große Brotscheiben «Pane comune» (ungesalzenes Toskaner Brot)

8 EL natives Olivenöl extra

2 EL Weißweinessig

Salz

frisch gemahlener Pfeffer

2 Knoblauchzehen

200–300 g Brokkoliröschen

1 Den Brokkolistrunk abschneiden und anderweitig verwenden (z. B. für eine Suppe, ein Mischgemüse usw.). Die Köpfe in sehr kleine Röschen brechen und im Dampf 6 bis 8 Minuten garen.

2 Die Brotscheiben im offenen Feuer oder im Toaster beidseitig bräunen und die Knoblauchzehen darauf verreiben. In einem kleinen Kochtopf 1/2 Liter Wasser aufkochen, 4 EL Olivenöl und den Weißweinessig zugeben, mit Salz und Pfeffer würzen. Die Brotscheiben kurz eintauchen, herausnehmen, gut abtropfen lassen und auf Teller verteilen. Die aufgeweichten Brotscheiben nochmals großzügig mit Olivenöl beträufeln und mit Pfeffer würzen. Zuletzt das Gemüse nach Belieben darauf verteilen und nochmals mit etwas Olivenöl beträufeln. Warm servieren!

Ein Rezept? ZweiflerInnen mögen es dennoch versuchen: In Trequanda, der mittelalterlichen Kleinstadt über dem Val di Chiana in den Colli senesi, muss «Pan lavato» Generationen ernährt haben – das zumindest geht aus den Schilderungen des jungen Restaurateurs und seiner MitarbeiterInnen hervor. Er erinnert sich noch gut daran, wie es seine Nonna mit wechselnden Gemüseauflagen für ihn in der Restaurantküche zubereitete, wenn er hungrig aus der Schule kam.

Früher wurden fraglos trockene Brotreste dafür verwendet. Heute nimmt man dazu knackig frisches salzloses Brot, das über dem offenen Feuer gegrillt oder im Toaster gebräunt wird.

Küchenchef Libio vom Ristorante «Il Conte Matto» in Trequanda beim Zubereiten der «Pan lavato».

PASTA CON BROCCOLI

PENNE MIT BROKKOLIGEMÜSE

300 g Penne rigate/ gerillte Penne

500 g Brokkoli
4 EL natives Olivenöl extra
60 g Pancetta, in feinen Streifen
100 g entsteinte schwarze Oliven
3 Knoblauchzehen, fein gehackt
1 Peperoncino, fein gehackt
Salz
frisch gemahlener Pfeffer
30 g Pecorino

1 Den Brokkoli putzen, d. h. den Strunk abschneiden und anderweitig verwenden (z. B. für eine Suppe oder ein Mischgemüse). Die ganzen Röschen je nach Größe längs halbieren oder vierteln. Im Dampf 6 bis 8 Minuten garen.

2 In einer Pfanne das Olivenöl erhitzen, Pancetta, Oliven, Knoblauch und Peperoncini unter Rühren etwa 1 Minute braten, mit Salz und Pfeffer würzen. Den Brokkoli kurz vor dem Servieren beifügen, nochmals erhitzen.

3 Die Penne in einem Kochtopf in reichlich Salzwasser al dente kochen, in ein Sieb abgießen, in den Topf zurückgeben und mit wenig Olivenöl vermengen.

4 Das Brokkoligemüse zusammen mit den Penne auf vorgewärmten Tellern anrichten. Nach Belieben mit geriebenem Pecorino bestreuen.

CARCIOFI
ARTISCHOCKEN

Ein stachelige Sache sind die italienischen Artischocken allzumal! Das Gemüse aus der Familie der Disteln wird fast überall in Italien angebaut, aber die allerersten, klitzekleinen und zartesten kommen aus dem tiefsten Süden Italiens, aus Sizilien, wo schon in den Frühlingsmonaten sommerliche Temperaturen herrschen. Andere Sorten dieses Gemüses, das eigentlich eine Riesendistel ist, wachsen in der Campagna, den Marken, in der Toskana und in Ligurien sowie in den nördlicher gelegenen Regionen Piemont und Veneto. Die Pflanze ist winterhart, sie zieht sich im Winter, wenn die hohen Blattwedel verwelkt sind, völlig ins Erdreich zurück und bildet nach der Vegetationspause aus derselben Wurzel wieder Pflanzen, die je nach klimatischen Bedingungen bereits im frühen Frühjahr bis in den Sommer wieder Früchte tragen.

Die «Frühaufsteher», die ersten Artischocken, eigentlich eher «Artischöckchen», sind teils so zart, dass man sie auch roh essen kann. Später müssen sie gegart werden. Genießbar sind von den Hüllblättern der Blütenköpfe die unteren Blattansätze und der fleischige Blütenboden. Das bedeutet, dass die Vorbereitungen recht aufwändig sind. Gehören Artischocken zum Menü, stellen sorgfältig arbeitende Köchinnen und Köche zuallererst eine Schüssel mit Wasser bereit, dem etwas Zitronensaft beigefügt wurde. Sobald nämlich während des Putzens die Schnittstellen mit Luft in Kontakt kommen, setzt eine Oxidation ein, welche eine dunkle Verfärbung zur Folge hat. Deshalb werden gerüstete Artischocken – allenfalls auch nur Teile davon – vor der Weiterverarbeitung immer in ein solches Wasserbad gelegt, um das Anlaufen zu verhindern.

Der Genuss von Artischocken ist auch aus ernährungsphysiologischen Gründen nur zu empfehlen: Sie enthalten Gerbstoffe und Fermente, Vitamin C und solche der B-Gruppe, Eisen, Magnesium und Kalium, viel Nahrungsfaserstoffe, aber wenig Kalorien. Den ernährungsphysiologisch vielleicht wichtigsten Beitrag aber leistet der Bitterstoff Cynarin, der die Leber bei der Fettverarbeitung unterstützt. Wer vor oder nach einer schweren Mahlzeit einen «Cynar» trinkt, den bitteren Kräuterlikör aus Artischockenextrakten, tut sich damit durchaus etwas Gutes!

Artischocken gehören zum Feinsten, was die vegetarische Küche zu bieten hat. Aber, wie bereits gesagt, um den Preis einer zeitaufwändigen, Sorgfalt erheischenden Vorbereitungsarbeit. Wichtigste Maxime: mit dem Wegschneiden der harten Blattteile nicht knausern! Wieviel, kann nicht allgemein angegeben werden, es variiert von Sorte zu Sorte und hängt auch mit der Reife zusammen. Ausprobieren und eigene Erfahrungen sammeln ist da der beste Rat!

RISOTTO ALLO ZAFFERANO E CARCIOFI

SAFRANRISOTTO MIT ARTISCHOCKEN

1/2 Zitrone, Saft

6 Artischocken, kleine italienische Sorte

3 EL natives Olivenöl extra

2 Knoblauchzehen

1 dl/100 ml warmes Wasser

1 l Gemüsebrühe

50 g Butter

1 kleine Zwiebel, in Scheiben

250 g Reis, Carnaroli oder Arborio superfino

1 Prise Safranfäden oder 1 Beutel Safranpulver

50 g frisch geriebener Parmesan

1 Sträußchen glattblättrige Petersilie, fein gehackt

Salz

frisch gemahlener Pfeffer

1 In einer Schüssel reichlich kaltes Wasser mit dem Zitronensaft bereitstellen.

2 Die Stiele der Artischocken abschneiden. Die äußeren harten Blätter entfernen. Die Artischocken halbieren, das Heu entfernen, die Hälften in feine Scheiben schneiden und jeweils sofort in das Zitronenwasser legen, damit sie sich nicht dunkel verfärben.

3 Das Olivenöl in einer Pfanne erhitzen. Die geschälten ganzen Knoblauchzehen darin Farbe annehmen lassen, wieder entfernen. Die abgetropften Artischocken zugeben, mit Salz und Pfeffer würzen. Unter Zugabe von wenig warmem Wasser ca. 10 Minuten dünsten.

4 In einer Pfanne die Gemüsebrühe aufkochen und knapp unter dem Siedepunkt halten.

5 In einer Pfanne die Zwiebelscheiben in der Butter andünsten, den Reis zugeben und glasig werden lassen, mit Salz und Pfeffer würzen. Wenig Gemüsebrühe zugeben, unter ständigem Rühren und weiterer Zugabe von Brühe in etwa 15 Minuten gar kochen.

6 Die Safranfäden in 2 Esslöffel heißer Gemüsebrühe 5 Minuten einweichen, durch ein Haarsieb passieren. Die Safranbrühe unter den Reis rühren, etwa 5 Minuten köcheln lassen. Oder Safranpulver in wenig Gemüsebrühe auflösen und zum Reis geben.

7 Den Risotto von der Wärmequelle nehmen, den Parmesan darunterrühren. Den Risotto auf eine vorgewärmte Servierplatte geben, die gedünsteten Artischocken darauf verteilen und mit der gehackten Petersilie garnieren.

CARCIOFI RIPIENI
GEFÜLLTE ARTISCHOCKEN

für 6 Personen

1 1/2 Zitronen, Saft

6 Artischocken mit Stiel, kleine italienische Sorte

20 Kapern, gewaschen und fein gehackt

1 Bund Schnittlauch, fein geschnitten

2 EL Paniermehl/Semmelbrösel

1 dl/100 ml natives Olivenöl extra

2 mittelgroße Karotten

2 mittelgroße Zucchini

1 dl/100 ml trockener Weißwein

Salz

frisch gemahlener Pfeffer

1 In einer Schüssel kaltes Wasser mit dem Saft einer halben Zitrone bereitstellen.

2 Die Stiele der Artischocken abschneiden und in feine Scheiben schneiden. Die äußeren harten Blätter und das Heu entfernen. Es werden nur Boden, zarte Herzblätter und Stiel verwendet.

3 Zwei Artischocken in feine Scheiben schneiden, mit den in Scheiben geschnittenen Stielen sofort in das Zitronenwasser legen, damit sie sich nicht dunkel verfärben, dann im Salzwasser etwa 15 Minuten kochen. Das Wasser abgießen, alles im Cutter pürieren. Kapern, Schnittlauch, Paniermehl und die Hälfte des Olivenöls mit dem Artischockenpüree vermengen. Mit Salz und Pfeffer würzen.

4 Die restlichen vier Artischocken sorgfältig aushöhlen und ebenfalls in das Zitronenwasser legen. Dann mit der Spitze nach unten auf einem Küchentuch abtropfen lassen, wenden, innen und außen salzen und mit der vorbereiteten Masse füllen.

5 Inzwischen die Karotten schälen und die Zucchini waschen (nicht schälen), mit dem Sparschäler Streifen abziehen, diese längs in feine Streifen schneiden, oder dafür ein Zistenmesser verwenden.

6 In einer Pfanne wenig Wasser mit dem Weißwein und dem restlichen Olivenöl aufkochen. Die gefüllten Artischocken hineinstellen und zugedeckt bei schwacher Hitze etwa 15 Minuten garen.

7 Karotten- und Zucchinistreifen mischen, auf vier Teller verteilen, mit etwas Olivenöl beträufeln. Je eine Artischocke darauf anrichten.

CARCIOFI FRITTI
FRITTIERTE ARTISCHOCKEN

1/2 Zitrone, Saft

12 Artischocken; frühe, kleine italienische Sorte

Ausbackteig

2 EL Mehl

1 Eigelb von einem Freilandei

1 EL natives Olivenöl extra

1,25 dl/125 ml Wasser

Salz

frisch gemahlener Pfeffer

1 Eiweiß

ca. 4 dl/400 ml Olivenöl zum Frittieren

1 In einer Schüssel reichlich kaltes Wasser mit dem Zitronensaft bereitstellen.

2 Die Stiele der Artischocken abschneiden. Die äußeren harten Blätter entfernen. Die Blätter mit einer Küchenschere um etwa ein Drittel kürzen. Die Artischocken längs halbieren, die Staubfäden – das sogenannte «Heu» – mit einem Küchenmesser entfernen. Die Artischockenhälften längs in 5 bis 6 feine Scheiben schneiden, sofort in das Zitronenwasser legen, damit sie sich nicht verfärben.

3 Für den Ausbackteig Mehl, Eigelb und Olivenöl glatt rühren. Das Wasser löffelweise unterrühren. Der fertige Teig soll noch etwas flüssig sein und die Konsistenz von Crème fraîche haben. Mit Salz und Pfeffer würzen. Das Eiweiß steif schlagen und sorgsam unter die Teigmasse ziehen.

4 In einer Fritteuse oder einer tiefen Bratpfanne reichlich Olivenöl auf ca. 180 °C erhitzen. Die richtige Temperatur ist erreicht, wenn ein Teigtropfen im Öl sofort an die Oberfläche steigt und sich Blasen bilden.

5 Nun die Artischockenteile nacheinander aus dem Wasser nehmen, mit Küchenpapier trocken tupfen, in den Ausbackteig tauchen und im Öl frittieren. Nicht zu viele Artischocken auf einmal in das Öl geben, damit es nicht zu sehr abkühlt. Die frittierten Artischocken auf Küchenpapier entfetten und im warmen Backofen warm stellen.

Tipp: Frittierte Artischocken sind eine hervorragende kleine warme Vorspeise, die mit einer Kräutersauce, einem Pesto oder einem Dip serviert wird. Sie finden aber auch als Aperitif großen Anklang, besonders wenn sie mit halbierten Zitronenscheiben serviert werden, so dass sie nach individueller Vorliebe aromatisiert werden können.

CUORE DI CARCIOFI
GEDÜNSTETE ARTISCHOCKENHERZEN

1/2 Zitrone, Saft

8 Artischocken

40 g Butter

2 EL natives Olivenöl extra

1 mittelgroße Zwiebel, fein gehackt

2 Knoblauchzehen

2 mittelgroße Tomaten

3 Sardellen, ohne Gräten, in 2 cm langen Stücken

1/2 dl/50 ml Gemüsebrühe

Salz

frisch gemahlener Pfeffer

60 g frisch geriebener Parmesan

fein gehackte Petersilie

1 In einer Schüssel reichlich kaltes Wasser mit dem Zitronensaft bereitstellen.

2 Die Stiele der Artischocken abschneiden. Die äußeren harten Blätter großzügig entfernen, dornige Blattspitzen mit einer Schere abschneiden, die Köpfe auseinander drücken und das Heu entfernen. Das Gemüse sofort in das Zitronenwasser legen, damit es sich nicht verfärbt.

3 Die Zwiebel schälen und fein hacken. Die Tomaten schälen, entkernen und klein würfeln.

4 In einem Kochtopf, ideal ist ein Gusseisenbräter, die Butter mit dem Olivenöl erhitzen, Zwiebeln, Knoblauchzehen und Tomaten darin andünsten. Die Sardellen unterrühren, weitere 2 Minuten dünsten. Gemüsebrühe angießen, aufkochen.

5 Das Artischockenwasser abgießen, die Artischocken kurz umdrehen und auf einem Küchentuch abtropfen lassen, in die Brühe geben, Artischocken bei schwacher weich kochen. Mit Salz und Pfeffer abschmecken.

6 Die Artischocken auf vorgewärmten Tellern anrichten, mit etwas Brühe beträufeln und etwas Parmesankäse darüber streuen, mit der Petersilie garnieren.

SALSA DI CARCIOFI, CIPOLLA E RIGATINO

EIERNUDELN MIT ARTISCHOCKEN-SPECK-SAUCE

1/2 Zitrone, Saft

6 Artischocken

1 mittelgroße Zwiebel, geviertelt

8 EL (ca. 1,2 dl/120 ml) natives Olivenöl extra

1 mittelgroße Zwiebel, fein gehackt

12 Scheiben Rigatino (Speck), ca. 150 g

Salz

frisch gemahlener Pfeffer

2 Petersilienzweigchen, fein gehackt

300 g Teigwaren, am besten frische Eiernüdelchen, sogenannte Tagliolini freschi

1 In einer Schüssel reichlich kaltes Wasser mit dem Zitronensaft bereitstellen.

2 Die Stiele der Artischocken abschneiden. Die äußeren zähen Blätter entfernen. Die Blätter mit der Küchenschere um ein Drittel kürzen. Das Gemüse sofort in das Zitronenwasser legen, damit es sich nicht verfärbt.

3 In einem Kochtopf 1/2 Liter Wasser erhitzen, Artischocken und Zwiebelviertel zufügen, aufkochen, bei schwacher Hitze weich garen. Das verdunstete Wasser löffelweise ersetzen, bis die Artischocken gar sind (Garprobe: ein Blatt muss sich leicht von der Frucht lösen lassen). Die Garzeit variiert je nach Sorte. Die Artischocken aus dem Topf nehmen und abkühlen lassen, das Gemüse längs halbieren, das Heu entfernen, die Hälften in möglichst feine Scheiben schneiden.

4 In einer Pfanne das Olivenöl erhitzen, die Zwiebeln darin andünsten, die Artischockenscheiben und den Speck zufügen und etwa 5 Minuten braten.

5 Inzwischen die Teigwaren in einem Kochtopf in reichlich Salzwasser al dente kochen, in ein Sieb abgießen. Zur Sauce geben und vermengen. Anrichten. Mit gehackter Petersilie bestreuen.

CARDI
KARDY/KARDEN

Majestätisch steht die dekorative Pflanze im Garten, mit silberweißen, kräftigen Blattwedeln, die gut und gern 80 cm hoch werden können. Das im Mittelmeerraum und in Nordafrika heimische Distelgewächs, Cardi, Cardone oder Gobbi genannt, botanisch «Cynara cardunculus L.», ist jedoch nicht nur eine Zier, sondern als Stammform der Artischocke auch ein Diätgemüse erster Güte! Doch während bei der Artischocke die geschlossenen Blütenköpfe essbar sind, werden bei Cardi die fleischigen Blattstiele mit dem herben, oft auch leicht bitteren Geschmack genossen. Die natürlich grünen Stiele werden im Lauf der Vegetationszeit gebleicht, wodurch sie weich und damit genießbar bleiben. Im privaten Gemüsegarten geschieht dies meist, indem die ganzen Blattbüschel vom Wurzelansatz aufwärts mit dicken Lagen Zeitungspapier oder Wellkarton umwickelt werden. Im gewerblichen Anbau werden die Pflanzen samt den Erdballen ausgegraben, in einer dunklen Halle wieder ins Erdreich gesetzt und hoch mit Erde umhäuft, bis sie erntebereit sind.

In Südeuropa ist Kardy, so ihr deutscher Name, sehr verbreitet, nördlich der Alpen jedoch muss dieses ausgesprochene Wintergemüse noch richtig entdeckt werden. Die Inhaltsstoffe sind jenen der Artischocke gleichzusetzen; so ist sie ein ausgezeichnetes Diätgemüse, das reichlich Vitamin C, Inulin (wichtig für Diabetiker), den Bitterstoff Cynarin, Mineral- und Gerbstoffe enthält, überdies Fermente und Vitamine.

In den Verkauf gelangt das Gemüse in der Regel nicht in seiner ursprünglichen Länge, sondern bereits auf die essbaren Teile gekürzt. Doch auch dann ist die richtige Vorbereitung für das Gelingen der Gerichte wesentlich. Zunächst ist der Wurzelansatz zu entfernen, danach müssen stachelige Blattreste den Stielen entlang mit einem scharfen Messer weggeschnitten werden. Anschließend werden die kräftigen Fasern dem ganzen Blattstiel entlang sorgfältig abgezogen, da sie zäh und ungenießbar sind. (Auch hier ist vieles mit der Artischocke vergleichbar – bloß in einem anderen Maßstab!) Für fast alle Gerichte werden die Stiele dann in Stücke geschnitten – siehe die Rezepte auf den folgenden Seiten. In vielen italienischen Haushalten wird Kardy übrigens mit Beigabe einer Prise Natron (Bicarbonat) gekocht, wodurch sie schneller gar ist; dies ist bei uns unüblich und deshalb fakultativ.

CARDI GRATINATI
ÜBERBACKENE KARDY

600 g Kardy
30 g Butter
2 EL natives Olivenöl extra
Salz
frisch gemahlener Pfeffer

Butter für die Form
2 EL Paniermehl/Semmelbrösel
100 g frisch geriebener Parmesan

1 Den Wurzelansatz und eventuell noch vorhandene Blattreste der Kardy wegschneiden, grobe Fasern abziehen. Die Stängel in etwa 6 cm lange Stücke schneiden. In einem Kochtopf Wasser aufkochen und salzen, die Kardystücke darin zugedeckt weichkochen, in ein Sieb abgießen.

2 In einer Bratpfanne die Butter mit dem Olivenöl erhitzen und die Kardy darin unter gelegentlichem Wenden goldgelb braten.

3 Den Backofen auf 160 °C vorheizen.

4 Eine Gratinform mit Butter auspinseln. Eine Lage gebratene Kardy hineinlegen und etwas Paniermehl und Parmesankäse darüber streuen. Wiederholen, bis alles Gemüse aufgebraucht ist. Zuletzt eine Lage Paniermehl und Parmesan darüber streuen.

5 Die Gratinform auf mittlerer Rille in den Ofen schieben. Das Gratin bei 160 °C rund 20 Minuten überbacken.

Tipp: Giuliana serviert dieses Gericht als Vorspeise mit etwas Rohschinken oder als Beilage zu einem Fleischgericht.

CARDONI FRITTI
GEBACKENE KARDY

500 g Kardy
1/2 Zitrone, Saft
3 EL Mehl
2 Freilandeier
Salz
frisch gemahlener Pfeffer

Olivenöl zum Backen
feine Zitronenscheiben

1 Den Wurzelansatz und eventuell noch vorhandene Blattreste der Kardy wegschneiden, grobe Fasern abziehen. Die Stängel in etwa 10 cm lange Stücke schneiden.

2 In einem Kochtopf einen Liter Wasser mit dem Zitronensaft aufkochen, die Kardy darin weich kochen, in ein Sieb abgießen und abtropfen lassen.

3 Das Mehl in eine flache Schüssel oder in einen tiefen Teller geben, die Kardy darin wenden. Die Eier in einer flachen Schüssel aufschlagen, mit Salz und Pfeffer würzen. Die bemehlten Gemüsestücke kurz vor dem Backen portionsweise im Ei wenden.

4 Das Olivenöl in einer Bratpfanne erhitzen, die Kardy darin beidseitig goldgelb backen.

Tipp: Diese Kardy können als Beilage zu einem Hauptgericht oder als Vorspeise serviert werden.

GOBBI AL FORNO
GEBACKENE KARDY NACH UMBRISCHER ART

800 g Kardy (Gobbi)
1 Zitrone, Saft
50 g Weißmehl/Mehltyp 450
2 Freilandeier
3 dl/300 ml Olivenöl zum Frittieren

50 g Butter
2 EL natives Olivenöl extra
1 Zwiebel, fein gehackt
300 g gehacktes Rindfleisch
15 g getrocknete Steinpilze
1/2 Zitrone, Saft
1 Dose Pelati (400 g), Stielansatz entfernt, grob gehackt
2,5 dl/250 ml Fleischbrühe
Salz
frisch gemahlener Pfeffer

50 g frisch geriebener Parmesan
100 g Fontinakäse, in feinen Streifen

1 Die getrockneten Steinpilze etwa 30 Minuten in einer Schüssel mit lauwarmem Wasser und dem Saft einer halben Zitrone einweichen, dann in ein Sieb abgießen und mit Küchenpapier trocken tupfen.

2 Den Wurzelansatz und eventuell noch vorhandene Blattreste der Kardy wegschneiden, die groben Fasern abziehen. Die Stängel in etwa 8 cm lange Stücke schneiden und ebenfalls in Zitronenwasser legen, damit sie sich nicht dunkel verfärben. Die Kardy in einem Kochtopf knapp mit Salzwasser bedeckt etwa 10 Minuten knackig kochen, abgießen, auf Küchenpapier legen, trocken tupfen und abkühlen lassen.

3 In einem Brattopf die Butter und 2 EL Olivenöl erhitzen, die Zwiebeln darin hellbraun rösten. Hackfleisch, Steinpilze und Tomaten beifügen, Fleischbrühe dazugießen, aufkochen, bei schwacher Hitze unter gelegentlichem Rühren köcheln lassen, bis die Flüssigkeit etwas eingekocht und das Fleisch gar ist. Mit Salz und Pfeffer abschmecken.

4 In einem Suppenteller die Eier verquirlen und leicht salzen. Die ausgekühlten Kardystücke zuerst im Mehl und dann im Ei wenden. In einer Bratpfanne Olivenöl erhitzen und die Kardy darin goldgelb backen. Mit einem Schaumlöffel aus dem Öl heben, überschüssiges Fett abtupfen.

5 Den Backofen auf 200 °C vorheizen.

6 Eine Gratinform mit Olivenöl auspinseln. Zuerst eine Lage Kardy einfüllen, dann etwas Fleischragout darüber verteilen, etwas Parmesan darüber streuen und etwas Fontinakäse darüber verteilen. Lagenweise in dieser Reihenfolge vorgehen, bis alles aufgebraucht ist.

7 Die Ofentemperatur auf 180 °C reduzieren. Gratin auf mittlerer Rille in den Ofen schieben, etwa 30 Minuten überbacken. Heiß servieren.

Das kräftige Wintergemüse «Cardi», auch «Gobbi» genannt, kultiviert Salvatore selbst in seinem beachtlichen Gemüsegarten und bereitet daraus ein köstliches Gratin zu! Weil dazu auch Hackfleisch verwendet wird, ist «Gobbi al forno» sehr wohl als Hauptgericht wie – auf mehr Personen verteilt – als Vorspeise denkbar. Es ist ein typisch umbrisches Wintergericht, das hauptsächlich im Dezember zubereitet wird, wenn die Kardy noch vorwiegend weiß und köstlich zart sind.

Salvatore Denaro, der «glückliche Bachus», in seiner Enoteca in Foligno

Das «Pinboard» im «Baccho felice» für Gäste-Notizen

Im «Baccho felice» wird am langen Tisch getafelt

CATALOGNA
ZICHORIE

Auf den ersten Blick gleicht er einem zu groß geratenen Löwenzahn – der sattgrüne, bis 60 cm hohe Catalogna mit den löwenzahnähnlichen, gezackten Blättern. Der botanische Name «Cichorium intybus var. foliosum» ordnet ihn den Zichoriengewächsen zu. Um einen zentralen Stammansatz sind zahlreiche hohe Blattwedel mit hellen Rippen angeordnet. Bei der speziellen Sorte «Catalogna di Galatina» entwickeln sich zudem aus einem zentralen «Stamm» kurze Keime bzw. Sprosse, aus denen sich später Blüten entwickeln würden. Die Sprosse werden separat zu köstlichen Gerichten verarbeitet.

Zichoriengewächse (weißer Chicorée, Cicorino rosso, Zuckerhut und Endivie) weisen mehr oder weniger hohe Bitterstoffgehalte aus – am bitterstoffreichsten aber sind die dunkelgrünen Blätter des Catalogna. Gerade dies – nebst recht hohen Vitamin- und Mineralstoffgehalten – macht ihn mit seinem charakteristischen bitteren Geschmack auch zu einem der gesundheitlich wertvollsten Gemüse, da sich die Bitterstoffe auf Verdauung und Blutgefäße günstig auswirken.

Angebaut wird Catalogna als Herbst- und Wintergemüse vor allem im südlich gelegenen Apulien. Dort findet man gewerblich genutzte Felder von beachtlichen Dimensionen. Aber auch in privaten Gemüsegärten wächst das gesunde Gemüse häufig bis tief in den Herbst.

Catalogna lässt sich – nebst zu ein paar für Apulien sehr typischen Gerichten – wie Lattich oder Zuckerhut zubereiten; grundsätzlich werden die langen Blätter unten etwas eingekürzt, je nach Rezept in kurze oder längere Streifen geschnitten und in Olivenöl mit etwas Knoblauch gedünstet.

CAROLINA ANSALDI, SALVE/LECCE

FIORE DELLA CATALOGNA LESSATO
GEDÜNSTETE CATALOGNASPITZEN

500 g Catalognaspitzen, auch «Puntarelli» genannt

1 dl/100 ml natives Olivenöl extra

1 mittelgroße Zwiebel, fein gehackt

100 g geriebener Parmesan

Salz

frisch gemahlener Pfeffer

1 In einem Kochtopf Wasser aufkochen, salzen, «Puntarelli» zufügen und al dente kochen. Das dauert 5 bis 6 Minuten. In ein Sieb abgießen, gut abtropfen lassen.

2 In einer Pfanne die Zwiebeln im Olivenöl goldgelb dünsten. Die «Puntarelli» und den geriebenen Käse zufügen, mit Salz und Pfeffer würzen, alles gut vermengen. Je nach Konsistenz wenig lauwarmes Wasser angießen, nochmals etwa 10 Minuten leise köcheln lassen. Nach Belieben mit Salz und Pfeffer abschmecken.

DOMENICO LAERA, RISTORANTE «L'ARATRO», ALBEROBELLO/BARI

FAVE E CICORIA
BOHNENBREI MIT ZICHORIENGEMÜSE

600 g frische Fave (Bohnen) oder 300 g getrocknete Fave

4 EL natives Olivenöl extra

2 mittelgroße mehlig kochende Kartoffeln

Salz

frisch gemahlener Pfeffer

1 kg Catalogna, nur zarte Blätter verwenden

4 Weißbrotscheiben

1 Knoblauchzehe

1 Die Bohnenkerne in wenig Salzwasser weich kochen, abgießen, mit wenig Olivenöl pürieren.

2 Die Kartoffeln schälen und würfeln, im Dampf weich kochen. Noch heiß durch das Passevite/Passetout (Flotte Lotte) drehen, zusammen mit wenig Olivenöl unter das Bohnenpüree rühren, mit Salz und Pfeffer würzen, warm stellen.

3 Catalogna in einem Kochtopf in schwach gesalzenem Wasser kurz kochen, in ein Sieb abgießen, warm stellen.

4 Die Weißbrotscheiben im Toaster oder im Backofen auf beiden Seiten goldbraun rösten, mit durchgepresstem Knoblauch einreiben, sparsam salzen und mit etwas Olivenöl parfümieren.

5 Auf vorgewärmten Tellern zuerst das Kartoffel-Bohnen-Püree, dann das Zichoriengemüse anrichten, mit etwas Olivenöl abschmecken und je eine getoastete Brotscheibe darauf legen.

Getrocknete Fave: Die Bohnen in lauwarmes Wasser legen und über Nacht einweichen. Am folgenden Morgen in ein Sieb abgießen, vorgehen wie unter Punkt 1 beschrieben.

INSALATA DI PUNTARELLE

PUNTARELLE-SALAT

500 g Puntarelle, erfahrungsgemäß braucht man 4 Catalogna

1/2 Zitrone, Saft

Sauce

1 EL Weißweinessig

frisch gemahlener Pfeffer

Salz

3–4 EL natives Olivenöl extra

3–4 Sardellen aus der Dose («sotto sale»)

1 Knoblauchzehe

1 Die äußeren Blätter des Catalognas entfernen, die Sprossen am Blattansatz kappen, wenn nötig etwas kürzen und je nach Größe halbieren oder vierteln. In eine Schüssel mit kaltem Wasser und ein paar Tropfen Zitronensaft legen. So behält das Gemüse die intensiv grüne Farbe und kräuselt sich leicht, was es auf dem Teller noch interessanter macht. Die Puntarelle in ein Sieb abgießen, gut abtropfen lassen, eventuell trocken tupfen.

2 Die Sauce zubereiten. Die Sardellen waschen, entgräten und im Mörser zusammen mit der Knoblauchzehe fein zerstoßen, unter die Sauce rühren.

3 Die Puntarelle mit der Sauce vermengen und auf Tellern anrichten.

«**Puntarelle**» sind eine interessante Variante des Blattgemüses Catalogna. Im Winter, wenn die Pflanze noch nicht voll entwickelt ist, bildet sich das «Herz», eine Ansammlung von Sprossen, aus denen sich später die Blütenstängel entwickeln. Dieses «Herz» wird gekappt und für «Insalata di puntarelle» verwendet. Das Gericht ist eine Spezialität aus dem Lazio, der Region nördlich Roms, wo es in den Wintermonaten häufig genossen wird. Als «Catalogna spigata» ist es auch in anderen Regionen anzutreffen. Aus den langen, löwenzahnartigen Blättern werden andere Catalogna-Gerichte zubereitet.

CAVOLO
KOHL

Die einhellige, sowohl in der Naturheilkunde wie der Ernährungswissenschaft unbestrittene Auffassung, dass die Vitamin-C-reichen Kohlgewächse für unsere Ernährung und unser Wohlbefinden von nicht zu unterschätzendem Nutzen sind, ist auch in Italien nicht ungehört geblieben. Es gibt kaum jemanden, der nicht ausdrücklich darauf hinweist, dass vor allem der Genuss von «cavolo nero» – Schwarzkohl also – eine krebsvorbeugende Wirkung auf den menschlichen Organismus habe. Ganz klar, dass also auch die Küche Italiens nicht auf Kohl verzichten kann, wenngleich sich hier die Sortenvielfalt in Grenzen hält. Während Rotkohl kaum bekannt ist, haben der fedrige Grün- und der Schwarzkohl einen desto höheren Stellenwert. Auch «Verza», der gekrauste Wirz (Wirsing) mit nicht zu großem, festem Kopf gehört, je nach Saison, ebenfalls in eine Minestrone, eine Gemüsebrühe oder einen deftigen Eintopf. Blumenkohl und Brokkoli, die ebenfalls zur großen Familie der Kreuzblütler mit dem botanischen Namen «Brassicaceae» gehören, sind auch eine beliebte Beilage. Nicht zu sprechen von «Cima di rapa», dem Stängelkohl, der – besonders in Süditalien – in so großen Mengen angebaut, aber auch auf dermaßen vielfältige Art genossen wird, dass wir ihm, wie dem Brokkoli, ein eigenes Kapitel widmen. Weniger häufig auf dem italienischen Speiseplan finden sich Weißkohlgerichte.

Generell ist Kohl eher ein Wintergemüse. Eine Ausnahme ist der hellgrüne Wirz, botanisch «Brassica oleracea convar. capitata var. sabauda» (Verza), der da und dort bereits im Sommer genussreif ist. Wirz-Arten sind reich an Mineralstoffen, enthalten Phosphor, Kalium und Magnesium und sind vitaminreicher als Weißkohl. Die italienische «Verza» hat einen eher lockeren Kopf mit großen und eher mäßig gekrausten Blättern und ist vergleichsweise ein zartes, aber aromatisches Gemüse.

Der ausgesprochen langblättrige, auch etwas fedrige «Cavolo nero», botanisch «Brassica oleracea convar. Acephala var. virides», verwandt mit Grünkohl, bot. «Brassica oleracea var. sabellica», gilt – besonders in der Toskana – als «das» Kohlgemüse schlechthin. Ziemlich frostresistent, gedeiht er in Gemüsegärten bis Anfang März und wird (eher aus gewerblichem Anbau) noch etwas länger im Handel angeboten. Ab Anfang April aber winken auch die Marktfahrer auf den italienischen Märkten ab – dann ist die Saison endgültig vorbei!

Nicht nur die krebshemmenden Vitamine C und E und Kalzium machen seinen Genuss empfehlenswert, sondern auch der delikate, sich in Grenzen haltende Kohlgeschmack. Dies allerdings nur, wenn er nur so kurz wie nötig gekocht wird. Die Zubereitung sollte deshalb der Logik folgen: kräftige (dann vermutlich auch harte) Blattrippen entfernen, die fedrigen Blätter in Streifen schneiden und kurz dünsten. Als Zugabe in Gemüsebrühen und Eintöpfen das jeweilige Rezept befolgen.

Kapuzinerbart und Spargel – Frühlingsmarkt in Arezzo

Jetzt ist der Sommer eingezogen!

VALIGETTA DI CAVOLO

KOHLPÄCKCHEN MIT FLEISCHFÜLLUNG

4 mittelgroße Weißkohlblätter

50 g Butter

1 Schalotte, grob zerkleinert

50 g Rohschinken

1 Pouletbrustfilet, ca. 200 g, klein gewürfelt

1 Eigelb von einem Freilandei

1 EL Béchamelsauce

1 Majoransträußchen, fein gehackt

Salz

frisch gemahlener Pfeffer

heiße Gemüsebrühe

Béchamelsauce

20 g Butter

2 EL Weißmehl/Mehltyp 405

2 dl/200 ml Milch

1 Schalotte, fein gehackt

1/2 Lorbeerblatt

1 Prise Salz

frisch gemahlener Pfeffer

1 Die Butter für die Béchamelsauce in einer Pfanne schmelzen, das Weißmehl zufügen, unter ständigem Rühren bei schwacher Hitze andünsten. Die Milch unter ständigem Rühren nach und nach zugeben, langsam aufkochen. Schalotten und Lorbeerblatt zugeben, die Temperatur reduzieren, mit Salz würzen, bei schwacher Hitze etwa 15 Minuten köcheln lassen. Abschmecken und durch ein Sieb passieren.

2 Die Kohlblätter im Salzwasser 5 Minuten blanchieren, mit kaltem Wasser abschrecken, auf einem Küchentuch ausbreiten und trocken tupfen.

3 In einer Pfanne die Hälfte der Butter (25 g) zergehen lassen. Die Schalotten darin dünsten und entfernen, sobald sie Farbe angenommen haben. Den Rohschinken und nach etwa 3 Minuten auch das Fleisch beigeben und etwa 10 Minuten bei schwacher Hitze dünsten. Abkühlen lassen, dann das Ganze im Mixer pürieren. Béchamelsauce, Eigelb und Majoran zufügen, mit Salz und Pfeffer würzen. Die Farce auf die Kohlblätter verteilen, Päckchen machen, mit Haushaltschnur binden.

4 In einer Pfanne die restliche Butter (25 g) zergehen lassen, die Kohlpäckchen hineinlegen, wenig kochende Brühe angießen, bei schwacher Hitze etwa 15 Minuten köcheln lassen.

5 Kohlpäckchen auf vorgewärmten Tellern anrichten.

Tipp: Die restliche Béchamelsauce lässt sich im Kühlschrank gut verschlossen bis 2 Tage aufbewahren oder im Gefrierfach tiefkühlen.

FARINATA DI CAVOLO NERO
SCHWARZKOHLBREI

400 g Schwarzkohlblätter
4 EL natives Olivenöl extra
1 mittelgroße Zwiebel, in feinen Streifen
100 g Pancetta, klein gewürfelt
400 g Maisgrieß
2 l warmes Wasser
Salz
frisch gemahlener Pfeffer

natives Olivenöl extra

1 Die Schwarzkohlblätter in feine Streifen schneiden.

2 Das Olivenöl in einer Pfanne erhitzen, Zwiebeln und Pancetta darin bei schwacher Hitze glasig werden lassen. Die Kohlstreifen zugeben und unter Rühren etwa 10 Minuten mitdünsten. Dann den Maisgrieß und etwa 1,5 l warmes Wasser zugeben, 30 Minuten leise köcheln lassen. Mit Salz und Pfeffer würzen.

3 Den Maisbrei in vorgewärmten Suppentellern anrichten. Mit Olivenöl beträufeln.

«Farinata di cavolo nero» aus Danias Familienfundus: Ein altes toskanisches Gericht, das in Danias Familie in der kalten Jahreszeit häufig zubereitet wird. Es kann vielfältig variiert werden und ist eher ein Brei als eine Suppe. Falls ein Rest davon übrig bleibt, lässt sich daraus eine Beilage für eine weitere Mahlzeit zubereiten.

Dazu den Brei etwa 2 cm dick auf einem Holzbrett ausstreichen, etwas trocknen lassen, dann in beliebig große Stücke schneiden, im Olivenöl kurz braten.

Aus der «Farinata» wird ein weiteres ähnliches Gericht zubereitet. Man braucht dazu nebst dem erwähnten «Farinata»-Rest gleichviel Polenta. Man geht ähnlich vor wie oben beschrieben, die beiden Massen werden aber abwechselnd aufeinander geschichtet. Also eine Schicht Polenta auf ein Holzbrett streichen, kurz antrocknen lassen, eine Schicht «Farinata» darauf geben und glatt streichen, wieder etwas trocknen lassen und so wiederholen, bis alles aufgebraucht ist. Kurz ruhen lassen, dann in Stücke schneiden und in Olivenöl braten. Frischen Parmesan darüber reiben und mit einem Spritzer Olivenöl abrunden.

ZUPPA DI CAVOLO NERO
SCHWARZKOHLSUPPE

1 dl/100 ml natives Olivenöl extra

1 Spross Stangen-/Staudensellerie, in feinen Scheiben

1 mittelgroße Karotte, in feinen Scheiben

1 Hand voll Basilikumblätter, klein gezupft

1 Thymianzweigchen, Blättchen abgezupft

10 Schwarzkohlblätter, in Streifen

100 g Borlottibohnen, getrocknet, oder aus der Dose

1 kleine Zwiebel, fein gehackt

3 reife Tomaten, geschält, entkernt, klein gewürfelt

2 mittelgroße fest kochende Kartoffeln, geschält, klein gewürfelt

4 Scheiben Ruch-/Schwarzbrot

1 geschälte Knoblauchzehe

Salz

frisch gemahlener Pfeffer

1 Getrocknete Bohnen am Vorabend in lauwarmes Wasser legen und über Nacht einweichen. Das Einweichwasser am folgenden Tag weggießen.

2 In einem Kochtopf 4 Esslöffel Olivenöl erhitzen, Stangensellerie, Karotten, Basilikum und Thymian darin andünsten. Schwarzkohl und Bohnen zufügen, erhitzen, wenig warmes Wasser angießen, bei schwacher Hitze köcheln lassen.

3 Gleichzeitig in einer Pfanne 4 Esslöffel Olivenöl erhitzen und die fein gehackte Zwiebel darin unter Rühren langsam goldgelb dünsten. Tomaten und Kartoffeln beigeben, bei schwacher Hitze10 Minuten leise köcheln lassen. Das Ganze durch ein Passevite/Passetout (Flotte Lotte) drehen, zum Gemüse geben. 2 Liter warmes Wasser und sehr wenig Salz (während des Kochprozesses verdampft Flüssigkeit!) zufügen und aufkochen. Zugedeckt mindestens 1 Stunde köcheln lassen.

4 Die Ruchbrotscheiben im Backofen oder im Toaster beidseitig bräunen, mit dem Knoblauch einreiben, mit etwas Olivenöl beträufeln, in eine Suppenschüssel legen.

5 Die Suppe nach Belieben mit Salz und Pfeffer abschmecken, über die Brotscheiben gießen.

«Zuppa di cavolo nero» ist ein typisch toskanisches Rezept. Schwarzkohl gilt als sehr gesundes Gemüse, dem auch eine krebsvorbeugende Wirkung zugeschrieben wird.

CIMA DI RAPA
STÄNGELKOHL

Ohne die italienischen Gastarbeiter wäre Cima di rapa nördlich der Alpen vermutlich noch heute ein kaum bekanntes Kraut. Ganz speziell für sie aber wurde es vermutlich in den Nachkriegsjahren über die Alpen importiert, da es, besonders in Apulien und Kalabrien, in der «cucina casalinga», der süditalienischen Alltagsküche, sehr häufig genossen und vielfältig zubereitet wird. Heute ist es auf Frischgemüsemärkten nicht mehr unbekannt, und je länger, desto häufiger wird es auch von guten Gemüsehändlern und neuerdings sogar beim Großverteiler angeboten.

In Apulien und Kalabrien, den klimatisch milden Landstrichen am südlichsten Teil des italienischen Festlandes, wird Cima di rapa, eine schnellwüchsige Kohlart, die botanisch auch dem Raps verwandt ist, bis in den Winter angebaut und sozusagen in jedem Haushalt verwertet. Die einjährige Pflanze mit der botanischen Bezeichnung «Brassica rapa var. cymosa» ist der Blattzichorie nicht unähnlich, obschon sie völlig verschiedenen Pflanzenfamilien entstammt. Die Stiele der Cima di rapa sind jedoch hellgrünfarben, während diejenigen der Blattzichorie (Catalogna) weiß sind. Die Cima di rapa wird bis 80 cm hoch und bildet hellgelbe, feine Blütentrauben aus, die kleinen Rapsblüten ähneln. Diese Blüten und die feinen Stängel schmecken sehr zart, wenn auch ein eindeutiger Kohlgeschmack nicht geleugnet werden kann. Hauptsächlich diese feinen Teile werden für verschiedene Gerichte verwendet, während die größeren und damit auch weniger zarten Blätter als Basis für Gemüsebrühen verwertet werden oder als Tierfutter dienen.

Auch in Bezug auf den Nährwert ist Stängelkohl trotz seines rapsähnlichen Erscheinungsbildes ganz eindeutig ein Kohlgemüse. Reichlich Vitamin C, B_6, Kalzium, Magnesium, Eisen und andere Mineralstoffe gehören zu seinen Inhaltsstoffen. Dies allein, aber auch die elegante Struktur der feinen Blätter und die attraktiv hellgelben Blüten, die ihre Farbe auch beim Garprozess nicht verlieren, dürften ausreichen, um sich diesem bei uns noch eher fremd anmutenden Kohlgemüse mit kulinarischer Neugier zu nähern und die verschiedenen Zubereitungsarten – als Salat, kurz gedünstet, als Pastasauce oder Aroma- und Farbträger für einen ungewöhnlichen Risotto – auszuprobieren!

Eines der typischen Trulli-Häuser in Alberobello

Domenico Laera in seinem Ristorante «L'Aratro»/Alberobello

Steinerne Faszination seit Jahrtausenden: die konischen Trulli-Dächer

ORECCHIETTE CON LE CIMA DI RAPA
TEIGWAREN-MÜSCHELCHEN MIT STÄNGELKOHL

300 g Orecchiette/Teigwaren

1 kg Cima di rapa

3 EL natives Olivenöl extra

2 Sardellen aus der Dose («sotto sale«)

1 Knoblauchzehe, fein gehackt

frischer oder getrockneter Peperoncino, ohne Kerne, fein gehackt oder zerdrückt, nach Belieben

Salz

frisch gemahlener Pfeffer

2 EL Paniermehl/Semmelbrösel

1 EL natives Olivenöl extra

1 Die harten (holzigen) Stängel der Cima di rapa entfernen, es werden nur die zarten Teile und die Blüten verwendet.

2 Orecchiette in einem Kochtopf in reichlich Salzwasser al dente kochen. In ein Sieb abgießen, das Wasser zur Weiterverwendung auffangen. Die Teigwaren in einer Schüssel warm stellen.

3 Das Teigwarenwasser aufkochen, die Cima di rapa zugeben und knackig garen, in ein Sieb abgießen und abtropfen lassen.

4 Die Sardellen waschen, entgräten und mit einer Gabel zerdrücken. In einer Pfanne 3 EL Olivenöl erhitzen, Knoblauch, Sardellen und Peperoncini darin bei schwacher Hitze andünsten. Nach etwa 5 Minuten die Cima di rapa sorgsam untermischen.

5 In einer weiteren Pfanne 2 EL Olivenöl erhitzen und das Paniermehl darin dünsten, bis es goldbraun ist.

6 Auf vorgewärmten Tellern zuerst die Orecchiette anrichten, das gedünstete Gemüse darauf verteilen, am Schluss das goldbraun geröstete Paniermehl darüber streuen.

RISOTTO ALLE CIMA DI RAPA
STÄNGELKOHL-RISOTTO

600–800 g Cima di rapa

3 EL natives Olivenöl extra

1 Knoblauchzehe, fein gehackt

1 mittelgroße Karotte, in Scheiben

zerkrümelter getrockneter Peperoncino nach Belieben

350 g Risottoreis, parboiled

1 dl/100 ml trockener Weißwein

Salz

3 EL Rahm/süße Sahne

100 g Pecorino

1 Die harten (holzigen) Stängel der Cima di rapa entfernen,es werden nur die zarten Teile und die Blüten verwendet. In einem Kochtopf Salzwasser aufkochen, die Cima di rapa zugeben und weich garen, in ein Sieb abgießen, auskühlen lassen. Faustgroße Kugeln formen; so kann das Gemüse sofort verarbeitet oder auch einige Tage im Kühlschrank aufbewahrt werden.

2 In einer kleinen Pfanne die Karottenscheiben weich garen, in ein Sieb abgießen, warm stellen.

3 Den Reis in einem Kochtopf im Salzwasser kochen, 3 bis 5 Minuten vor Ende der Garzeit (Packungshinweis beachten!) in ein Sieb abgießen.

4 Das Olivenöl in einer großen Pfanne erhitzen, Knoblauch, Peperoncini, grob geschnittene Cima di rapa und Karotten zugeben, vermengen und alles kurz dünsten. Zuerst den Reis, dann unter ständigem Rühren den Weißwein zufügen, unter ständigem Rühren weiterköcheln, bis der Reis al dente ist. Falls die Flüssigkeit nicht ausreichen sollte, löffelweise warmes Wasser zugeben, bis die Konsistenz richtig ist. Nach Belieben mit Salz abschmecken und mit dem Rahm verfeinern.

5 Den Risotto in tiefen Tellern oder in einer Schüssel anrichten und den Pecorino darüber reiben.

CIMA DI RAPA STUFATE
GESCHMORTER STÄNGELKOHL

1,5 kg Cima di rapa

4 EL natives Olivenöl extra

8 kleine Tomaten, z. B. Cherrytomaten, Stielansatz entfernt, halbiert

2–3 Knoblauchzehen, fein gehackt

1 Peperoncino, in feinen Ringen

Salz

frisch gemahlener Pfeffer

1 Die harten (holzigen) Stängel der Cima di rapa entfernen. Es werden nur die zarten Teile und die Blüten verwendet, diese in Stücke schneiden.

2 In einem Kochtopf das Olivenöl erhitzen, Tomaten, Knoblauch und Peperoncini zugeben, bei mittlerer Hitze langsam andünsten. Die Cima di rapa zugeben, gut vermengen. Das Gemüse bei kleinster Hitze zugedeckt rund 25 Minuten dünsten. Bei halber Kochzeit die Flüssigkeit kontrollieren, bei Bedarf löffelweise heißes Wasser zugeben. Mit Salz und Pfeffer würzen.

«Rape stufato» hat nicht nur in der Familie von Luciano in Bari, sondern in ganz Apulien an Weihnachten Tradition! Am «Vigilia di Natale», am 24. Dezember, am Heiligen Abend, wird bis Mitternacht kein Fleisch gegessen. Rape stufato wird dann – als Mittag- oder Abendessen – als Beilage zu einem Fischgericht serviert!

In der Enoteca von Salvatore gibt es nebst seinen kulinarischen Köstlichkeiten Weine vieler Produzenten

Luciano Sabbatini aus Bari ist die «rechte Hand» Salvatores in der Enoteca «Il Baccho felice»

FAGIOLI
BOHNEN

Die Bohnen haben eine lange Herkunftsgeschichte. Ursprünglich stammen sie aus Südamerika, wo sie bereits von Indios der vorkolumbischen Zeit angebaut wurden. Bald nach der Entdeckung Amerikas wurden sie von Seefahrern nach Europa gebracht. Seit langem zählen Bohnen mit ihrer einmaligen Sorten- und Artenvielfalt und ihrem hohen pflanzlichen Eiweißgehalt weltweit zu den wichtigsten Kulturpflanzen. Auch Italien bedient sich dieser Vielfalt. Bohnen werden nicht nur frisch verwertet, sondern fehlen als getrocknete Kerne (vornehmlich die kleinen weißen Cannellini und die rötlichen gefleckten Borlotti) in keiner Vorratskammer. In den Hausgärten findet man sie als Stangen- und Buschbohnen; gewerblich werden sie hauptsächlich als Buschbohnen kultiviert und maschinell geerntet.

Die Bohnen, «Phaseolus vulgaris L. var. vulgaris», zählen zu den Hülsenfrüchten. Die erste Bohne, die in Italien im Frühjahr auf den Tisch kommt, die Fava, «Vicia faba L.», auch als Puffbohne oder Dicke Bohne bekannt, gehört botanisch jedoch zur Wickenfamilie. Sie wird häufig roh genossen, bereichert mit ihrer Zartheit und attraktiv hellgrünen Farbe gekocht aber auch Risotti und Pastasaucen. Die Kerne müssen aus den 10 bis 15 cm langen, fleischigen, innen pelzigen hellgrünen Hülsen herausgelöst werden, da diese nicht genießbar sind.

Alle anderen Bohnenarten dürfen nicht roh genossen werden. Sie enthalten das giftige Glukosid Phasin, das erst durch einen etwa 10 Minuten dauernden Garprozess abgebaut wird. Dann aber können die Bohnen mit einem riesigen Gehalt an Vitaminen (A, B, C und E) und an Eisen, Kalium, Eiweiß, Kohlenhydraten sowie hohen Mengen Magnesium auftrumpfen. Das für viele körperliche Funktionen wertvolle Vitamin E kann im menschlichen Körper allerdings nur verwertet werden, wenn es zusammen mit tierischem Eiweiß – Milchprodukte, Eier, Fisch oder Fleisch) – genossen wird. Wenn man also den vollen Nutzen aus diesem «Gesundheitscocktail» ziehen will, sollte man Bohnen immer zusammen mit einem Eier-, Fisch- oder Fleischgericht genießen.

Zwei Bemerkungen zur Zubereitung: Das einst notwendige «Abfädeln» der grünen Bohnen gehört heute der Vergangenheit an – diese Pflanzenfasern wurden erfolgreich weggezüchtet. Wer für die vielen beliebten Bohnengerichte wie z. B. «fagioli all'uccelletto» getrocknete Bohnenkerne verwendet, muss wissen, dass diese vor der Verwendung in der Regel einige Stunden (z. B. über Nacht) in kaltem Wasser eingeweicht werden müssen und sich ihr Gewicht und ihr Volumen dadurch nahezu verdoppeln!

ZUPPA DI FARRO E FAGIOLI

DINKELSUPPE MIT CANELLINI-BOHNEN

70 g Dinkelkörner

6 EL natives Olivenöl extra

1 Karotte, klein gewürfelt (Brunoise)

1 Spross Stangensellerie, klein gewürfelt (Brunoise)

1 mittelgroße Zwiebel, fein gehackt

400 g gekochte Canellini (getrocknete weiße Bohnenkerne)

Salz

frisch gemahlener Pfeffer

1/2 l Gemüsebrühe

frisch gemahlener Pfeffer

1 Rosmarinzweig, einige Zweigspitzen für die Garnitur

natives Olivenöl extra

1 Die Dinkelkörner mit etwa 3 dl/300 ml Wasser (ohne Salz) aufkochen, etwa 5 Minuten sprudelnd kochen, dann etwa 1 Stunde auf der ausgeschalteten Wärmequelle zugedeckt ausquellen lassen.

2 In einem Kochtopf 4 Esslöffel Olivenöl erhitzen, Karotten, Stangensellerie und Zwiebeln zufügen und unter gelegentlichem Rühren bei schwacher Hitze etwa 10 Minuten dünsten, mit Salz und Pfeffer würzen. Gekochte Canellini, Rosmarinzweig und Gemüsebrühe zufügen, bei schwacher Hitze weitere 30 Minuten dünsten. Den Rosmarinzweig entfernen, Topfinhalt durch ein Passevite/Passetout (Flotte Lotte) drehen.

3 Die gegarten Dinkelkörner zur Suppe geben, einige Minuten mitköcheln lassen. Abschmecken. In vorgewärmten Suppentellern anrichten, mit Rosmarin garnieren und mit etwas Olivenöl beträufeln, nochmals mit wenig Pfeffer würzen. Heiß servieren.

FAGIOLI ALL'UCCELLETTO
BOHNEN NACH VÖGELCHEN-ART

300 g getrocknete weiße Bohnenkerne

5 EL natives Olivenöl extra

1 Knoblauchzehe, fein gehackt

1 Rosmarinzweig, Nadeln fein gehackt

5 Salbeiblätter, in Streifchen

500 g Pelati (aus der Dose), Stielansatz entfernt, zerkleinert

Salz

frisch gemahlener Pfeffer

1 Die Bohnenkerne in lauwarmes Wasser legen, über Nacht einweichen. Am nächsten Tag das Einweichwasser weggießen. Die Bohnenkerne in ungesalzenem Wasser etwa 10 Minuten bei schwacher Hitze kochen. Abgießen und beiseite stellen.

2 In einer Pfanne Knoblauch, Rosmarin und Salbei im Olivenöl andünsten, Tomaten zufügen und etwa 10 Minuten bei schwacher Hitze köcheln lassen. Die Bohnenkerne zufügen und alles köcheln lassen, bis die Bohnen weich sind. Mit Salz und Pfeffer abschmecken. Als Beilage servieren.

Dieses Bohnengericht ist ein «Klassiker», der in allen Regionen Italiens – manchmal individuell oder regional abgewandelt – als «Contorno», d. h. als Beilage, vornehmlich zu verschiedenen Fleischgerichten, serviert wird.

ANTIPASTO DI PRIMAVERA
FRÜHLINGSVORSPEISE

300 g frische Faveschoten
150 g Parmesan, am Stück
wenig Salz
frisch gemahlener Pfeffer
4 EL natives Olivenöl extra

1 Die Fave aus den Schoten lösen.

2 Den Parmesan mit dem Parmesanbrecher in mundgerechte Stücke brechen. Die Fave und den Parmesan auf eine Servierplatte oder auf Portionenteller verteilen, die Bohnenkerne leicht salzen. Mit frisch gemahlenem Pfeffer aus der Mühle würzen. Olivenöl «im Faden» darüber gießen.

Die ersten Bohnen, die im Frühling in der Toskana heranreifen, sind die Fave. Sie haben eine ziemlich dicke, innen «pelzige» Schale, die ungenießbar ist. Köstlich aber schmecken die intensiv hellgrünen flachen Bohnenkerne sowohl gekocht oder roh, wie hier als Vorspeise rezeptiert. Auch als Aperitif-Häppchen dürften sie Furore machen!

FINOCCHIO
FENCHEL

Fenchel ist ein Tausendsassa. Es gibt mehrere Varietäten, doch nur der auch bei uns bestens bekannte Gemüsefenchel bildet die großen Knollen aus, die als Gemüse genießbar sind. Von den übrigen – vom wilden Fenchel und Gewürzfenchel – interessieren nur die Samen. Diese allerdings werden vielfältig genutzt, sei es als Gewürz, als Tee und oder zur Gewinnung von ätherischen Ölen. Insbesondere diese tragen als Naturheilmittel seit Menschengedenken viel zur Linderung verschiedener Gebresten bei.

Fenchel mit dem botanischen Namen «Foeniculum vulgare Mill. var. azoricum (Miller) Thellung» ist ursprünglich in Vorderasien und auch im Mittelmeerraum beheimatet. Benediktinermönche sollen ihn über die Alpen gebracht haben; jedenfalls wurde er schon im 9. Jahrhundert im Arzneikräutergarten des Klosters St. Gallen genutzt. Seine Heilkräfte sind legendär und werden auch heute noch in der Phytotherapie (Pflanzenheilkunde) eingesetzt. Tees, Öle oder Tinkturen – als Mittel gegen Husten, Heiserkeit und Asthma (also bei Erkrankungen der Atemwege, wo insbesondere die ätherischen Öle schleimlösende und entkrampfende Wirkung entfalten), gegen Blähungen und Krämpfe, gegen Hautprobleme – werden in manchen Hausapotheken angewandt, und es gibt wohl kaum eine junge Mutter, die den Fencheltee nicht als natürlichen, hilfreichen Beruhigungstee für ihre kleinen Kinder einsetzt.

Als leicht verdauliches Gemüse ist er auch als Schonkost angesagt. Dies umso mehr, als er – vor allem in Italien – von Oktober bis Mai angebaut wird, uns also als Wintergemüse mit willkommenen Vitaminen (C und E) und Mineralstoffen versorgt. Im Winterhalbjahr ist Fenchel deshalb in der Küche besonders wertvoll und überdies eine wahre Augenfreude. Die Knolle, die rund oder länglich und fast weiß bis hellgrün sein kann, wird aus sich rosettenähnlich aus dem Zentrum heraus entwickelnden verdickten Blattansätzen gebildet und hat ein stark anisartiges Aroma. Fenchel kann roh (sehr fein geschnitten) oder als Saft, gekocht oder gratiniert verwendet werden. Für einen schonenden Garprozess empfiehlt es sich, die Knolle zu halbieren oder gar zu vierteln, weil dies die Kochzeit verkürzt, wodurch die wertvollen Inhaltsstoffe erhalten bleiben!

FINOCCHIO AL FORNO

ÜBERBACKENER FENCHEL

4 mittelgroße Fenchelknollen

1,5 dl/150 ml natives Olivenöl extra

1 mittelgroße Zwiebel, fein gehackt

2 Knoblauchzehen, fein gehackt

4 Tomaten, geschält, entkernt, grob gehackt

Salz

frisch gemahlener Pfeffer

50 g frische Weißbrotkrumen, ohne Rinde

50 g frisch geriebener Parmesan

1/2 Bio-Zitrone, abgeriebene Schale

1 Knoblauchzehe, fein gehackt

1 Die Fenchelknollen soweit halbieren, dass sie vom Strunkansatz noch zusammengehalten werden, in feine Scheiben schneiden.

2 In einem flachen Bräter das Olivenöl erhitzen, Zwiebeln und Knoblauch darin andünsten, bis sie leicht Farbe angenommen haben, Fenchelscheiben zugeben, den Deckel aufsetzen. Unter gelegentlichem Rühren rund 20 Minuten schmoren. Dann die Tomaten darunter rühren, erhitzen, mit Salz und Pfeffer würzen.

3 Den Backofen auf 220 °C vorheizen.

4 Weißbrotkrumen, Parmesan, Zitronenschale und Knoblauch vermengen, über das Fenchelgemüse verteilen.

5 Backofen auf 180 °C zurückschalten. Das Gemüse ohne Deckel auf mittlerer Rille 20 Minuten überbacken.

FINOCCHIO BRASATI

GESCHMORTES FENCHELGEMÜSE

1,5 dl/150 ml natives Olivenöl extra

3 mittelgroße Zwiebeln, gehackt

3 mittelgroße Fenchelknollen

3 mittelgroße Karotten, in Scheiben

1 Peperoncino, fein gehackt

5 Salbeiblätter fein geschnitten

einige Majoranzweigchen oder 1 Sträußchen Petersilie, fein gehackt, nach Belieben

Salz

frisch gemahlener Pfeffer

1 Die Fenchelknollen soweit halbieren, dass sie vom Strunkansatz noch zusammengehalten werden, in feine Scheiben schneiden.

2 In einem Kochtopf das Olivenöl erhitzen, die Zwiebeln darin unter Rühren hellgelb dünsten. Fenchel, Karotten, Peperoncini und Salbei zufügen und kurz mitdünsten. 3 bis 4 Esslöffel lauwarmes Wasser zufügen, mit Salz und Pfeffer würzen. Unter gelegentlichem Rühren zugedeckt 20 Minuten sanft köcheln lassen. Wenn notwendig, löffelweise lauwarmes Wasser zufügen. Mit Salz und Pfeffer abschmecken, Majoran oder Petersilie darüber streuen. Heiß servieren.

MELANZANA
AUBERGINE

Zu den Gemüsen, die wirklich auf absolut warmes, mildes Klima angewiesen sind, gehört eindeutig die Aubergine. Ursprünglich stammt sie aus dem tropischen Hinterindien; sie wurde bereits im 13. Jahrhundert durch die Araber ins südliche Europa gebracht. Sie gedeiht nur in Gegenden, wo die Sonne ihre Sollstunden problemlos erfüllt. Seltsamerweise liegen in Italien die hauptsächlichen Anbaugebiete in Ligurien, der Toskana und dem weit nördlicher gelegenen Piemont. Als Nachtschattengewächs mit der botanischen Bezeichnung «Solanum melongena L.» wird sie möglicherweise auch mit giftigen Pflanzen dieser Spezies in Verbindung gebracht, etwa der Tollkirsche, dem Bilsenkraut und dem Stechapfel, was ihr nur zögerliches Akzeptiertwerden nördlich der Alpen teilweise erklären mag. Dabei ist lediglich vom Verzehr unreifer Auberginen abzuraten, da diese, wie die grünen Kartoffeln, das giftige Alkaloid Solanin enthalten, das sich erst durch längeres Erhitzen weitgehend verflüchtigt. Da die Aubergine roh überhaupt nicht mundet, also in jedem Fall gekocht zubereitet wird, erledigt sich dieser Punkt von selbst.

Gekocht aber hat sie einiges zu bieten, obschon ihr ernährungsphysiologischer Beitrag vergleichsweise gering ist. Sie besteht nämlich zu 92 Prozent aus Wasser; dazu kommen Pflanzenfasern, Kalzium, Eisen sowie die Vitamine B und C. Die Bitterstoffe, die auf den Eisenanteil zurückzuführen sind, regen die Leber- und Gallentätigkeit an, unterstützen also den Stoffwechsel. Das ist immerhin ein sehr positiver Aspekt und ermuntert dazu, Auberginen während ihrer Saison häufig auf den Speiseplan zu setzen!

Das weißliche, mit zahlreichen kleinen schwarzen Samen durchsetzte Fruchtfleisch der länglichen oder rundovalen Früchte von glänzend violetter bis beinahe schwarzer Farbe ist fast geschmacklos, also ein hervorragender Aromaträger für Gewürze und Kombinationen mit würzigeren Substanzen (Kräuter, Gemüse, Fleisch usw.). Das wird im ganzen Mittelmeerraum weidlich genutzt; die provenzalische Ratatouille, die griechische Moussaka, die italienische Peperonata und zahlreiche andere Rezepte zeugen davon.

Viele Rezepte der Familie Placi am Stiefelfuß Italiens hat Nonna Lucia an ihre Töchter, Schwiegertöchter und Enkelinnen weitergegeben.

Carolina Ansaldi demonstriert, wie fein Nonna Lucia die Auberginen von Hand in Scheiben schneidet.

MELANZANE RIPIENI

GEFÜLLTE AUBERGINEN

800 g Auberginen

2 Freilandeier

600 g gehacktes Rindfleisch

4 EL Paniermehl/Semmelbrösel

1/2 l Tomatensugo, Seite 101

150 g geriebener Parmesan

1 dl/100 ml natives Olivenöl extra

1 mittelgroße Zwiebel, fein gehackt

3 EL Kapern

Salz

frisch gemahlener Pfeffer

1 Die Auberginen in Längsrichtung halbieren. Die Hälften bis auf etwa 1 cm Dicke aushöhlen. Das Fruchtfleisch in kleine Würfel schneiden.

2 Eier, Hackfleisch, Paniermehl, 2 bis 3 Esslöffel Tomatensugo und geriebenen Käse vermengen.

3 In einer Bratpfanne etwa 4 Esslöffel Olivenöl erhitzen, Zwiebeln, Kapern und Auberginenwürfelchen zugeben und unter gelegentlichem Rühren bei schwacher Hitze 10 bis 15 Minuten dünsten. Nun die Hackfleischmasse darunter rühren, mit Salz und Pfeffer würzen, 5 bis 10 Minuten sanft köcheln lassen.

4 Den Backofen auf 180 °C vorheizen.

5 Eine Gratinform mit Olivenöl auspinseln, die Auberginenhälften hineinlegen und diese mit der Masse füllen. Zuletzt löffelweise etwas Tomatensugo darüber geben.

6 Die Gratinform auf mittlerer Rille in den Ofen schieben, die gefüllten Auberginen bei 180 °C etwa 45 Minuten backen.

INVOLTINI DI MELANZANE
AUBERGINEN-ROULADEN

2 mittelgroße Auberginen

Füllung

200 g Paniermehl/Semmelbrösel

3 Freilandeier

200 g Ricotta

30 g Kapern, fein gehackt

2 Knoblauchzehen, fein gehackt

100 g geriebener Pecorino

1 Sträußchen Petersilie, fein gehackt

Salz

frisch gemahlener Pfeffer

geriebener Pecorino zum Bestreuen

1 Portion Tomatensugo, Seite 101

1 Auberginen vorbereiten: Siehe «Melanzane alla parmigiano», Seite 87.

2 Das Paniermehl in lauwarmem Wasser einweichen und nach 15 Minuten in ein Mehlsieb abgießen, das aufgeweichte Paniermehl gut ausdrücken.

3 Eier verquirlen, Ricotta, Paniermehl, Kapern, Knoblauch, Käse und fein gehackte Petersilie zugeben und gut vermengen, mit Salz und Pfeffer abschmecken, im Kühlschrank 1 Stunde ruhen lassen.

4 Den Backofen auf 160 °C vorheizen.

5 Die Auberginenscheiben in einer Bratpfanne in wenig Olivenöl beidseitig braten, überschüssiges Öl mit Küchenpapier auftupfen, die Gemüsescheiben auf einer Unterlage ausbreiten, mit Salz sowie Pfeffer sparsam würzen. Die Füllung darauf verteilen, einrollen. Mit Zahnstochern fixieren oder mit Haushaltsschnur umwickeln.

6 Eine Gratinform mit Olivenöl auspinseln, die Rouladen hineinlegen. Mit dem Pecorino bestreuen. Die Gratinform auf mittlerer Rille in den Ofen schieben und die Gemüserouladen bei 160 °C rund 30 Minuten backen.

7 Die Gemüserouladen auf dem heißen Tomatensugo anrichten. Mit Kräutern garnieren.

MELANZANE ARROSTITE

GEBRATENE AUBERGINEN

600 g Auberginen

Salz

frisch gemahlener Pfeffer

natives Olivenöl extra

Kräuterpaste

1 Sträußchen Basilikum, Blätter gezupft

1 Pfefferminzzweigchen, Blätter gezupft und fein geschnitten

2 Prisen zerkrümelter getrockneter Peperoncino oder 1 TL fein gehackter frischer Peperoncino

einige Oreganoblätter, fein gehackt

6 EL natives Olivenöl

Salz

frisch gemahlener Pfeffer

1 Beide Enden der Auberginen abschneiden, in Längsrichtung in etwa 3 mm dicke Scheiben schneiden. Die Auberginenscheiben mit wenig Salz bestreuen, in eine Schüssel schichten, beschweren, etwa 1 Stunde ruhen lassen. Die ausgetretene Flüssigkeit mit Küchenpapier auftupfen.

2 Die Auberginenscheiben – auch Zucchini und Peperoni/Paprikaschoten eignen sich – in der Grillpfanne oder über einem offenen Feuer auf einem Grillrost rösten. Erst danach salzen.

3 Die Zutaten für die Paste vermengen und würzen.

4 Kräuterpaste auf die grillierten Auberginenscheiben streichen.

CAROLINA ANSALDI, SALVE/LECCE

MELANZANE ALLA PARMIGIANO

AUBERGINEN IM TEIGMANTEL MIT PARMIGIANO

600 g Auberginen

2 Freilandeier

50 g Weißmehl/Mehltyp 405

Salz

frisch gemahlener Pfeffer

natives Olivenöl extra

200 g frisch geriebener Parmesan

1/2 l Tomatensugo, Seite 101, oder aus der Dose

1 Beide Enden der Auberginen abschneiden, in Längsrichtung in etwa 3 mm dicke Scheiben schneiden. Die Auberginenscheiben mit wenig Salz bestreuen, in eine Schüssel schichten, beschweren, etwa 1 Stunde ruhen lassen. Die ausgetretene Flüssigkeit mit Küchenpapier auftupfen.

2 In einer flachen Schüssel die Eier verquirlen, das Mehl darunter rühren, mit Salz und Pfeffer würzen.

3 Die Auberginenscheiben im Teig wenden, in einer großen Bratpfanne im Olivenöl bei schwacher Hitze beidseitig hellbraun braten.

4 Den Backofen auf 180 ° C vorheizen.

5 Eine Gratinform mit etwas Olivenöl auspinseln. Die Auberginenscheiben lagenweise in die Form schichten, jede Lage mit reichlich Parmesan bestreuen und etwas Tomatensugo darüber träufeln, bis alle Zutaten aufgebraucht sind. Zuletzt mit reichlich Parmesan bestreuen.

6 Die Form auf mittlerer Rille in den Ofen schieben, das Gratin bei 180 °C etwa 45 Minuten backen.

Zum Rezept: In Apulien wird dieses Gericht warm und kalt genossen!

PEPERONI
PAPRIKASCHOTE

Mit dem Peperoni, der Paprikaschote sind wir mitten im kulinarischen Gemüsehimmel Italiens! Nicht nur, dass die bunten Früchte mit dem botanischen Namen «Capsicum annuum L.» eine reiche Farbpalette aufweisen; mit ihrem extrem hohen Vitamin-C-Gehalt gehören sie zu den gesündesten Gemüsearten überhaupt.

Die kleinen, scharfen Chilischoten stammen aus dem tropischen Südamerika. Von dort wurden sie nach ihrer Entdeckung durch portugiesische Seefahrer im 16. Jahrhundert nach Europa und Asien gebracht. Allerdings dauerte es bis Anfang des 20. Jahrhunderts, bis es durch intensive wissenschaftliche Arbeit gelang, daraus die heute bekannten, bedeutend weniger scharfen, großfruchtigen Peperonisorten zu züchten. Für die Schärfe ist ein Alkaloid, das Capsicain, verantwortlich, eine der vorwiegend giftigen, stickstoffhaltigen, basischen Verbindungen pflanzlicher Herkunft. Es findet sich vor allem in den Samen und den Scheidewänden der Fruchtkammern der Peperoni wie auch in anderen Nachtschattengewächsen. In der Gemüsepeperoni ist der Gehalt daran kaum mehr von Bedeutung; Gewürzpeperoni hingegen enthalten je nach Sorte noch unterschiedlich hohe Mengen davon. So wird klar zwischen den milden, etwas süßlich schmeckenden Gemüsepeperoni (mit wenig Capsicain) und den kleinen, scharfen Gewürzpeperoni (mit viel Capsicain) unterschieden. Entsprechend wichtig ist es, die Samen nach individuellem Schärfe-Empfinden zu entfernen!

Doch gehört die Restmenge Capsicain, die noch in den milden Gemüsepeperoni enthalten ist, zu den Inhaltsstoffen, die sie zum überaus gesunden Gemüse machen. Es wirkt anregend auf den Magen-Darm-Trakt, steigert die natürliche Widerstandskraft gegen Infektionen und wirkt krebsvorbeugend. Dazu kommen erhebliche Werte an Vitamin C und E, Vitamin B_1 und B_2, Karotin, Phosphor und Eisen sowie Flavonoide, einst als «Vitamin P» bezeichnete Pflanzenfarbstoffe, welche die Wirkung von Vitamin C um den Faktor 20 steigern! Peperoni sind, chemisch gesehen, ein richtiger Gesundheitscocktail!

Die verschiedenen Farben der Peperoni sind übrigens keine Sortenmerkmale, sondern für die Reife und die Menge der Inhaltsstoffe von Bedeutung. Grüne Peperoni werden unreif geerntet, können allerdings noch etwas nachreifen. Die höchsten Vitamin-C-Werte sind jedoch vor allem in den roten oder gelben Früchten enthalten. Sie können das 10fache der Werte der dafür gepriesenen Zitrone betragen, weisen aber auch höhere Karotin-Werte auf. Nicht nur wegen der attraktiven Farbe, sondern auch um des gesundheitlichen Nutzens willen, sollte man also vor allem die roten, gelben und orangefarbenen Peperoni für die herrlichen Gerichte verwenden, die sich aus ihnen zubereiten lassen. Empfindlichen Essern ist das Abziehen der etwas schwerer verdaulichen Schale geraten – siehe dazu das Rezept auf Seite 94.

Die herrlich bunten Früchte reagieren übrigens ausgesprochen empfindlich auf Kälte. Im Kühlschrank gehören sie deshalb ins Gemüsefach (nicht unter 7 bis 8 °C), am besten in einen Plastikbeutel eingeschlagen, damit die Luftfeuchtigkeit erhalten bleibt.

PEPERONI RIPIENI

GEFÜLLTE PEPERONI

Wenn Vera Preti Ferretti dieses Gericht als Vorspeise anbietet, serviert sie jedem Gast eine Peperoni. Wenn die gefüllten Früchte aber als erster Gang vorgesehen sind, erhält jeder zwei Peperoni.

8 Peperoni/Paprikaschoten

Füllung

4 Knoblauchzehen, fein gehackt

4 EL fein gehackte Petersilie

10 EL Paniermehl/Semmelbrösel

4 EL fein geschnittenes Basilikum

1 Bio-Zitrone, abgeriebene Schale

6 EL natives Olivenöl extra

Salz

frisch gemahlener Pfeffer

2 dl/200 ml trockener Weißwein

1 Stielsansatz der Peperoni auf 5 mm kürzen, die Gemüsefrüchte quer halbieren, Kerne und weiße Rippen entfernen.

2 Knoblauch, Petersilie, Paniermehl, Basilikum, Zitronenschale und 4 Esslöffel Olivenöl vermengen. Nach Belieben mit Salz und Pfeffer abschmecken. Die Masse in die vorbereiteten Peperonihälften füllen.

3 Den Backofen auf 180 °C vorheizen.

4 Eine Gratinform oder einen Gusseisenbräter mit Olivenöl auspinseln, die gefüllten Peperoni hineinlegen.

5 Die Form auf mittlerer Rille in den Ofen schieben, die gefüllten Peperoni etwa 5 Minuten braten. Nun nach und nach den Weißwein in die Form (nicht über die Peperoni) gießen und den Bratfond auflösen. Die Temperatur auf 160 °C zurückschalten, die Form mit Alufolie zudecken beziehungsweise den Deckel des Bräters aufsetzen. Etwa 50 Minuten schmoren lassen. Ab und zu kontrollieren: Bei zu wenig Fond löffelweise Weißwein zufügen.

Varianten: Mit derselben Masse füllt Vera auch Auberginen und Tomaten. Manchmal kombiniert sie die drei Gemüse zu einem einzigen Gericht und füllt einen großen Bräter gleich mit allen drei Versionen. Die Auberginen werden längs halbiert und das ausgehöhlte Fruchtfleisch in kleine Würfel geschnitten und mit der Masse vermengt; die Tomaten werden quer halbiert und die Kerne und Fruchtkammern mit einem Kaffeelöffel entfernt.

DOMENICO LAERA, RISTORANTE «L'ARATRO», ALBEROBELLO/BARI

FRICELLI UNESCO

TEIGWAREN UNESCO

300 g Friselli oder Penne/Federn oder Pennette/Federchen

3 EL natives Olivenöl extra

1 mittelgroße Zwiebel, fein gehackt

1 gelber Peperoni/Paprikaschote, in sehr feinen Streifen (Julienne)

200 g italienische Schweinswurst (Salsiccia), geschält und mit der Gabel in Krumen zerteilt

500 g reife Tomaten, geschält, geviertelt und entkernt

Salz

frisch gemahlener Pfeffer

1 Sträußchen Rucola

1 In einem großen Kochtopf das Olivenöl erhitzen, Zwiebeln, Peperoni und Wurstkrumen darin andünsten. Die Tomaten unterrühren, etwa 30 Minuten bei schwacher Hitze unter gelegentlichem Rühren köcheln lassen, bis eine sämige Sauce entstanden ist. Mit Salz sowie Pfeffer abschmecken. Meist braucht es kaum zusätzliches Salz, da die Wurst schon recht würzig ist.

2 Die Teigwaren in einem großen Kochtopf in reichlich Salzwasser al dente kochen, in ein Sieb abgießen. Die Teigwaren zur Sauce geben und gut vermengen.

3 Die Teigwaren auf vorgewärmten Tellern anrichten. Mit Rucola garnieren.

Alberobello, die Stadt in der Nähe von Bari in Apulien, ist wirklich «eine Reise wert»! (Abbildung Seite 63) Die Bauweise der «Trulli», wie die weiß getünchten Häuser mit den konischen Steindächern genannt werden, geht auf vorchristliche Zeit zurück. Der Blick über die legendären «Zipfelmützendächer» ist einmalig. 1997 wurde Alberobello von der UNESCO zum Weltkulturerbe erklärt. Spontan entschloss sich der Gastronom Domenico, Inhaber und Küchenchef des schönen Ristorante «l'Aratro», das an einer der exemplarischen Trulli-Gassen liegt, sein pikantes Peperonigericht «Fricelli» der UNESCO zu widmen. Eine weltoffene Geste!

Mit ihren gefüllten Peperoni ist Vera Preti Ferretti der Beifall ihrer Gäste gewiss.

An diesem «runden Tisch» treffen sich Gourmets zum Gedankenaustausch. Gian Franco Ferretti und Paolo Tanzi im Gespräch.

Die legendären «Peperoncini ripieni», mit denen Paolo Tanz Furore macht.

DOTT. PAOLO TANZI, CASALE MARITTIMO/PISA

PEPERONI PICCANTI

GEFÜLLTE PIKANTE PEPERONCINI

Rotweinessig

12 neapolitanische kleine runde Peperoncini

4 Knoblauchzehen, gehackt
4 EL Kapern «sott' aceto» (Essigkonserve), fein gehackt

4 Sardellen «sott'olio» (Ölkonserve), entgrätet, zerkleinert

1 Dose Thunfisch (200 g), mit einer Gabel etwas zerdrückt, mit Salz und Pfeffer gewürzt

natives Olivenöl extra zum späteren Auffüllen des Glases

Paolo Tanzi, der sich in seinem Freundeskreis für «seine» pikanten Peperoncini einen legendären Ruf erworben hat, empfiehlt für das Zubereiten dieser scharfen Köstlichkeit als ersten Schritt, ein kleines gekurvtes, gut geschärftes Küchenmesser zu verwenden und Handschuhe zu tragen. Das Capsaicin, – ein Alkaloid, d. h. eine pflanzliche Stickstoffverbindung –, das in den Peperoncini reichlich enthalten ist, wirkt unter Umständen stark Gefäß erweiternd, was durch intensiven Hautkontakt, der beim Zubereiten unvermeidbar ist, zu Kreislaufstörungen führen kann.

1 Am Stielansatz eine kreisrunde Öffnung von 2 bis 3 cm Durchmesser schneiden und damit gleichzeitig den Stiel entfernen. Mit einem kleinen Kaffeelöffel die Samen und Trennwände entfernen.

2 In einer genügend großen Schüssel Wasser und Rotweinessig im Verhältnis 1:1 bereitstellen und die ausgehöhlten Peperoncini darin 12 Stunden ruhen lassen. Danach die Flüssigkeit abgießen und die Peperoncini mit der Öffnung nach unten auf Küchenpapier legen.

3 In 4 separaten Schüsselchen den fein gehackten Knoblauch, die Kapern, die Sardellen und den Thon bereitstellen.

4 Nun die Peperoncini umdrehen und zum Füllen bereitstellen. Je etwas Knoblauch, 1 Sardellenstückchen und 3 bis 4 Kapern hineingeben und den Rest mit Thon auffüllen. Danach die gefüllten Früchte in das Glas mit Schraubverschluss schichten, das Glas mit Olivenöl auffüllen.

Tipp: Diese sehr pikanten Peperoncini eignen sich ebenso als Vorspeise wie als kleine Beilage zu Siedfleisch, Bündnerfleisch, Bresaola (italienisches luftgetrocknetes Rindfleisch). Um den Peperoncini-Sommer in den Herbst zu verlängern, lässt sich eine beliebig multiplizierbare Menge zubereiten und in einem entsprechend großen Sterilisierglas im herkömmlichen Sterilisierverfahren haltbar machen. Da die Peperoncini durch das Marinieren in Essigwasser bereits sehr sauber sind, reichen für den Sterilisierprozess wenige Minuten.

DOMENICA PIRELLI-VITALI, SANTA MARIA DI LEUCA/LECCE

PEPERONATA
PAPRIKAGEMÜSE

4 EL natives Olivenöl extra

1 Zwiebel, fein gehackt

4 reife Tomaten, geschält, entkernt, gewürfelt

400 g gemischte Peperoni/ Paprikaschoten, grüne, rote und gelbe

100 g Peperoncini

Salz

frisch gemahlener Pfeffer

1 Die Peperoni halbieren, Stielansatz, Kerne und weiße Teile entfernen, das Gemüse längs in Streifen schneiden (siehe Bild). Die Peperoncini in Ringe schneiden, nach Belieben entkernen.

2 In einer Pfanne das Olivenöl erhitzen, die Zwiebeln darin kurz dünsten. Tomaten, Peperoni und Peperocini zugeben, mit Salz und Pfeffer würzen, bei schwacher Hitze zugedeckt etwa 10 Minuten dünsten. Ab und zu kontrollieren und falls notwendig etwas warmes Wasser zugeben. Domenica weist ausdrücklich darauf hin, dass sie für diese Peperonata keine Kräuter verwendet, um den originalen Geschmack der Peperoni zu erhalten.

3 Nach 10 Minuten Garzeit ist das Gemüse noch leicht al dente. Wer es weicher wünscht, verlängert die Kochzeit um höchstens 5 Minuten!

DANIA MASOTTI, RISTORANTE «LA CHIUSA», MONTEFOLLONICO/SIENA

PEPERONI ARROSTITI
GERÖSTETE PEPERONI

4 große rote Peperoni/ Paprikaschoten

Salz

1 EL Balsamico-Essig

3 EL natives Olivenöl extra

1 Basilikumsträußchen

1 Den Backofen auf 230 °C vorheizen.

2 Die Peperoni mit einem feuchten Tuch gut abreiben, abtrocknen, auf ein Blech legen. Im vorgeheizten Ofen unter mehrmaligem Wenden 20 bis 30 Minuten rösten, bis die Haut leichte Blasen wirft. Herausnehmen. Mit einem Küchentuch bedecken und abkühlen lassen.

3 Die Peperoni häuten, halbieren, den Stielansatz und die Kerne entfernen. Die Gemüsefrüchte in eine flache Schüssel legen, salzen. Den Balsamico-Essig mit dem Olivenöl verrühren, über die Peperoni verteilen. Etwa 2 Stunden marinieren. Mit Basilikumblättchen garnieren. Kalt servieren.

Tipp: Die marinierten Peperoni können im Kühlschrank zugedeckt (mit Klarsichtfolie) problemlos 1 bis 2 Tage aufbewahrt werden.

SEDANO
STANGENSELLERIE

Wer in italienischen Gemüseläden nach Knollensellerie sucht, dürfte selten fündig werden. In Italien wird nämlich beinahe ausschließlich Stangensellerie (auch Stauden- oder Bleichsellerie genannt) angebaut, und mit Sedano – Sellerie – ist in italienischen Rezepten immer Stangensellerie gemeint. Schon die Wildform des Stangenselleries mit der botanischen Bezeichnung «Apium graveolens var. dulce» stammte aus dem Mittelmeerraum. Heute wird Stangensellerie als Staude mit nur schwach ausgebildeter Knolle im Piemont, in Venezien, Umbrien und der Toskana gewerblich angebaut, und natürlich fehlt das herrliche Würzkraut in kaum einem privaten Gemüsegarten auf dem Land oder in der Stadt!

Dies ist nicht verwunderlich. Denn obschon Stangensellerie im Geschmack zarter ist als Knollensellerie, ist er aus der italienischen Küche nicht wegzudenken.

Er würzt Suppen und Salate mit seinem intensiven Aroma, und er fehlt – regionale Abweichungen sind allerdings möglich – in keinem Rezept für eine ordentliche Bologneser Fleischsauce, die weltweit wohl bekannteste Pastasauce.

Der intensive Geschmack des Selleries stammt vom Sellerieöl, einem ätherischen Öl, das zusammen mit ebenfalls enthaltenen Mineralsalzen entwässernd wirkt und die Säurebildung des Magens anregt. Zudem enthält Stangensellerie die Vitamine A und B und bemerkenswerte Mengen an Vitamin C. Gerade dank der pflanzeneigenen Mineralsalze und dem damit verbundenen würzigen Eigengeschmack wird er in der Diätküche oft als Salzersatz verwendet.

Im privaten Garten erntet man die Selleriestangen einzeln, indem man sie sorgfältig – von außen nach innen – dicht über der Erde abschneidet. Im Handel dagegen werden meistens Stauden von beachtlichem Gewicht angeboten, die kaum auf einmal verwertet werden können. Da ist es angezeigt, anschließend an eine «Salsa bolognese«» oder einen kräftigen Gemüseeintopf ein italienisches Gratingericht auszuprobieren und vor allem mit dem zarten, hellgrünen «Herz» zu experimentieren. Ferner lassen sich die einzelnen Stängel auch putzen, in Stücke schneiden, kurz in Salzwasser blanchieren und portionsweise tiefkühlen. Für Geschmack-Highlights an frischem Salat ist dies weniger zu empfehlen, für das Zubereiten einer «Salsa bolognese» jedoch eine durchaus vertretbare Methode, Überschüsse zu verwerten.

SEDANO AL FORNO
GESCHMORTER STANGENSELLERIE

3 kleine Stangenselleriestauden

2 Scheiben Rohschinken, 4 mm dick, gewürfelt

1 Tomate, geschält, entkernt, gewürfelt

2 Majoranzweigchen, Blättchen abgezupft

Salz

frisch gemahlener Pfeffer

3 dl/300 ml heiße Gemüsebrühe

20 g Butter

1 Die äußeren Stangen, das Blattwerk und den Wurzelansatz entfernen. Die verbleibenden Stangen halbieren, im Dampf knackig garen.

2 Schinken, Tomaten und Majoran in eine Schüssel geben, mit der heißen Gemüsebrühe übergießen.

3 Den Backofen auf 190 °C vorwärmen.

4 Eine Gratinform mit Olivenöl auspinseln. Boden mit Stangensellerie bedecken. Dann etwas Rohschinken und Tomaten darauf verteilen, wieder eine Lage Stangensellerie, immer wieder mit Salz und Pfeffer würzen, so weitermachen, bis der Stangensellerie aufgebraucht ist. Restliches Schinken-Tomaten-Gemisch und Gemüsebrühe darüber verteilen. Mit Butterflocken belegen.

5 Den Backofen auf 180 °C zurückschalten.

6 Die Form auf mittlerer Rille in den Ofen schieben, das Selleriegericht bei 180 °C etwa 30 Minuten backen.

INSALATA DI SEDANO

STANGENSELLERIE-ORANGEN-SALAT MIT PINIENKERNEN

1 ganze Staude Stangensellerie, ca. 700 g

2–3 Bio-Orangen

25 g Pinienkerne

Vinaigrette

Orangensaft

Salz

frisch gemahlener Pfeffer

6 EL natives Olivenöl extra

1 Äußere Stangen, Blattwerk und Wurzelansatz des Stangenselleries entfernen. Die verbleibenden Stangen schräg in Stücke schneiden.

2 Von einer Orange mit dem Sparschäler 4 dünne Streifen abziehen, die Schalen in feine Streifen (Julienne) schneiden.

3 Die Pinienkerne in einer Bratpfanne ohne Öl hellbraun rösten.

4 Die Orangen großzügig schälen, die Fruchtfilets aus den Trennhäutchen lösen und entkernen. Den Rest auspressen und den Saft auffangen.

5 Die Vinaigrette zubereiten.

6 Die Sellerieschieben, das Selleriegrün und die Orangenfilets auf Teller verteilen. Mit den Pinienkernen und den Orangenstreifchen garnieren. Die Vinaigrette darüber träufeln.

Die Sternköchin Dania Masotti in Aktion im Ristorante «La Chiusa» in Montefollonico

SEDANO IN PADELLA
STANGENSELLERIE AN TOMATENSUGO

4 mittelgroße Spross Stangensellerie

Salz

Weißmehl/Mehltyp 405

50 g Butter

4 EL Tomatensugo, siehe unten

1 Das Blattwerk des Stangenselleries entfernen, die Stangen in etwa 12 cm lange Stücke schneiden. Im Dampf knackig garen. Vollständig auskühlen lassen. Mit Salz würzen, im Mehl wenden.

2 Die Butter in einer Pfanne zergehen lassen, bemehlte Selleriestücke zufügen, bei schwacher Hitze hellgelb braten. Den Tomatensugo zugeben, die Selleriestücke mehrmals sorgfältig wenden, bis sie vom Sugo überzogen sind. Mit Salz und Pfeffer abschmecken. Als Beilage servieren.

TOMATENSUGO – GRUNDREZEPT

1,5 dl/150 ml natives Olivenöl extra

2 mittelgroße Zwiebeln, fein gehackt

3 mittelgroße Karotten, in feinen Scheiben

3 Spross Stangensellerie, in feinen Scheiben

1 kg reife Tomaten, gewürfelt

1 Basilikumsträußchen, Blätter in Streifchen

1 Prise Zucker

Salz

frisch gemahlener Pfeffer

1 In einer Pfanne Zwiebeln, Karotten und Stangensellerie im Olivenöl andünsten. Tomaten, Basilikum und Zucker zugeben, erhitzen, bei schwacher Hitze 45 Minuten köcheln lassen. Durch ein Passevite/ein Passetout (Flotte Lotte) drehen. Oder die Sauce pürieren und durch ein Chromstahlsieb streichen. Mit Salz und Pfeffer würzen.

Tipp: Falls nicht die ganze Menge benötigt wird, kann der Rest im Kühlschrank aufbewahrt und innerhalb von 2 Tagen für ein anderes Gericht verwendet werden.

DOMENICA ZAFFERANI, FOLIGNO

SEDANO AL FORNO
ÜBERBACKENER STANGENSELLERIE MIT HACKFLEISCHFÜLLUNG

400 g Stangensellerie-Herzen, d. h. die hellen, zarten Stängel

4 EL natives Olivenöl extra

1 Zwiebel, fein gehackt

300 g gehacktes Rindfleisch oder 2 Salsiccie (Schweinswürste), mit einer Gabel in Krumen zerpflückt

Salz

frisch gemahlener Pfeffer

100 g Weißmehl/Mehltyp 405

2 Freilandeier

6 EL natives Olivenöl extra

1/2 l Tomatensugo, Seite 101

3 dl/300 ml Béchamelsauce, Seite 58

100 g geriebener Parmesan

1 Den Stangensellerie in 10 cm lange Stücke schneiden. In einem Kochtopf knapp mit Salzwasser bedeckt al dente kochen, in ein Sieb abgießen, auf Küchenpapier trocknen lassen.

2 In einer Bratpfanne 4 Esslöffel Olivenöl erhitzen, die Zwiebeln darin hellbraun rösten, das Hackfleisch oder die Wurstkrumen zufügen, bei schwacher Hitze kurz durchbraten, mit Salz und Pfeffer würzen. Die Fleischmasse mit einem kleinen Löffel sorgfältig in die ausgekühlten Selleriestücke füllen.

3 Die Eier in einem Suppenteller verquirlen, leicht salzen. Die gefüllten Selleriestücke mit Mehl bestäuben, sorgfältig in das verquirlte Ei legen und damit überziehen. Das Olivenöl in einer Bratpfanne erhitzen. Die gefüllten Selleriestücke beidseitig backen, herausnehmen und auf Küchenpapier abtropfen lassen. .

4 Den Backofen auf 200 °C vorheizen.

5 Eine Gratinform mit Olivenöl einfetten. Eine Lage Selleriestücke einfüllen, dann eine Lage Tomatensugo, wieder eine Lage Selleriestücke, wieder eine Lage Tomatensugo, wieder eine Lage Selleriestücke, mit der Béchamelsauce überziehen und mit reichlich Parmesan bestreuen.

6 Den Backofen auf 180 °C zurückschalten. Das Gratin auf mittlerer Rille in den Ofen schieben, etwa 30 Minuten überbacken. Heiß servieren.

CHRISTINA MAZZUOLI, RISTORANTE "LA GROTTA«, MONTEPULCIANO/SIENA

TORTINO DI RICOTTA E VERDURA

RICOTTA-SOUFFLÉ MIT STANGENSELLERIE UND SPINAT

für 4 Flanförmchen

2 Karotten, klein gewürfelt

1 kleine Staude Stangensellerie, klein gewürfelt

300 g Ricotta

2 Freilandeier, Eigelb und Eiweiß getrennt

2 EL geriebener Parmesan

Salz

frisch gemahlener Pfeffer

100 g Spinat, in feinen Streifen

weiche Butter für die Förmchen

1 Karotten und Stangensellerie im Dampf knackig garen.

2 Den Backofen auf 200 °C vorheizen. Die Gratinförmchen mit Butter einstreichen.

3 Ricotta und Eigelb luftig aufschlagen, das gegarte Gemüse und den Parmesan unterrühren, mit Salz und Pfeffer würzen. Das steif geschlagene Eiweiß sorgfältig unterheben. In die Förmchen füllen.

4 Die Förmchen in eine Gratinform oder in einen Bräter stellen. Bis auf 3/4 Förmchenhöhe mit Wasser füllen. Form auf mittlerer Rille in den Ofen schieben, Soufflé bei 180 °C 30 bis 30 Minuten pochieren.

5 Die Spinatstreifen auf Teller verteilen. Den Rand der Soufflés mit einem Messer sorgfältig lösen, aus dem Förmchen nehmen, auf dem Spinat anrichten.

SPINACI RADICE
WURZELSPINAT

Ob das Märchen, der Genuss von Spinat entfessle unheimliche Kräfte (weshalb Kleinkinder wann immer möglich mit Spinatbrei gefüttert wurden), auch in Italiens Kinderernährung herumgeisterte, bleibe im Dunkeln. Sicher ist, dass der Eisengehalt in diesem durchaus gesunden Gemüse jahrzehntelang eines Rechenfehlers wegen überschätzt wurde. Und ebenso sicher ist, dass dieser Brei von vielen Kindern keineswegs geschätzt wurde. Ich kann mir vorstellen, dass sie schneller «auf den Geschmack» gekommen wären, hätte man als Grundlage für diesen Brei den italienischen Wurzelspinat verwendet, der so viel delikater und dabei würziger und kräftiger schmeckt als der bei uns geläufige Blattspinat mit dem botanischen Namen «Spinacia oleracea».

Dabei sind die Nährwerte fast identisch. Spinat ist reich an zahlreichen Mineralstoffen, Eiweiß und Vitaminen; der Eisengehalt ist mit 3 mg pro 100 g allerdings erheblich geringer, als lange angenommen wurde. Was den Wurzelspinat vom Blattspinat unterscheidet, ist seine kräftige Struktur mit etwas gewellten Blättern in einer sattgrünen, beinahe dunkelgrünen Farbe. Es wäre schade, ihn zu hacken oder allzu klein zu schneiden! Nach Entfernen oder Kürzen der grobe Stiele ganz kurz gedämpft, abgetropft und fast ohne zusätzliches Wasser weitergedämpft, ist er eine herrliche Beilage zu Fleisch-, Kartoffel- und Reisgerichten.

Dass Spinat nicht aufgewärmt werden soll, ist jedoch keine Legende. Spinat hat einen hohen Nitratgehalt. Dieser bewirkt, dass er, einmal gekocht, rasch zu gären beginnt, ein Prozess, bei dem sich die Nitrate durch einen chemischen Prozess in schädliche Nitrite verwandeln. Zudem sollte Spinat wegen des Gehalts an Oxalsäure für Kleinkinder oder Menschen mit Nieren-, Leber-, rheumatischen und arthritischen Beschwerden blanchiert werden. An die 70 Prozent der schädlichen Nitrate werden dcbei im Kochwasser gebunden und damit weggegossen. Angesichts der ohnehin äußerst kurzen Garzeit genügt es dann, nach gründlichem Abtropfenlassen, gemäß italienischer Sitte mit Pfeffer und einem «filo d'olio» zu würzen, um zum vollen Genuss des köstlich zarten, kurz gegarten Blattgemüses zu kommen.

In der Enoteca von Salvatore Denaro kocht Giuditta Parizzi

ROCCHIATA ALLE VERDURE
SPINATSTRUDEL

Strudelteig

300 g Weißmehl/Mehltyp 405

2 Freilandeier

2 EL natives Olivenöl extra

1/2 EL Salz

Füllung

500 g Spinat, ohne harte Stiele

100 g Pancetta di maiale (Speck), fein geschnitten

1 Salsiccia (sehr aromatische italienische Schweinswurst), enthäutet, mit einer Gabel in Krumen zerteilt

2–3 EL frisch geriebener Parmesan

Salz

frisch gemahlener Pfeffer

natives Olivenöl extra

1 Das Mehl in eine Schüssel sieben, verquirlte Eier, Olivenöl und Salz zugeben, zu einem Teig zusammenfügen und kneten, bis er glatt und elastisch ist. Eine Kugel formen, diese in Klarsichtfolie einwickeln. Mindestens 30 Minuten ruhen lassen.

2 Den tropfnassen Spinat in einem Kochtopf bei starker Hitze zusammenfallen lassen, in ein Sieb geben und gut ausdrücken. In Streifen schneiden.

3 Spinat, Pancetta, Wurstkrümel und Parmesan vermengen, mit Salz und Pfeffer würzen. Die Masse in einer Pfanne in wenig Olivenöl unter gelegentlichem Rühren 5 Minuten dünsten.

4 Den Backofen auf 180 °C vorheizen.

5 Den Strudelteig mit Olivenöl bepinseln, auf einem Küchentuch von Hand möglichst dünn zu einem Rechteck ausziehen. Die Spinatmasse sorgfältig darauf verteilen, an einem schmalen Ende etwa 5 cm Rand freilassen. Mit Hilfe eines Küchentuches aufrollen, den freien Streifen mit einem Pinsel mit Wasser befeuchten und auf dem Strudel andrücken. Den Strudel mit Olivenöl bepinseln. Ein Backblech mit Backpapier belegen, den Strudel mit der Naht nach unten darauf legen.

6 Das Backblech auf die mittlerer Rille in den vorgeheizten Ofen schieben, den Spinatstrudel bei 180 °C etwa 45 Minuten backen.

7 Den Strudel nach Belieben etwas abkühlen lassen. Dann in 4 Portionen schneiden, auf Tellern anrichten.

Tipp: Der Spinatstrudel schmeckt warm oder lauwarm. In guten Lebensmittelgeschäften ist tiefgekühlter Strudelteig erhältlich. Er kann sehr gut für dieses Gericht verwendet werden.

ROBERTA BOUGLEUX GIANI, ALBERGO «LE VOLTE», CASALE MARITTIMO/PISA

FRITTATA DI SPINACI

SPINAT-OMELETT

500 g Spinat

4 Freilandeier

3 EL geriebener Parmesan

Salz

frisch gemahlener Pfeffer

3 EL natives Olivenöl extra

1 Den tropfnassen Spinat in einem Kochtopf bei starker Hitze zusammenfallen lassen, in ein Sieb geben und gut ausdrücken. In Streifen schneiden.

2 Die Eier verquirlen, Spinat und Parmesan unterrühren, mit Salz und Pfeffer würzen.

3 In einer Bratpfanne das Olivenöl erhitzen, die Spinat-Eier-Masse hineingeben, bei mittlerer Hitze – eventuell zugedeckt – auf beiden Seiten braten. (*Bild*)

DOTT. PAOLO TANZI, CASALE MARITTIMO/PISA

INSALATA DI SPINACI

SPINATSALAT

400 g Wurzelspinat

2 Orangen

12 Baumnuss-/Walnusskerne, halbiert

100 g dünne geräucherte Pancettascheiben, in Streifen, oder 50 g dünne geräucherte Speckscheiben, in Streifen

Vinaigrette

2 EL Balsamico-Essig

Salz

frisch gemahlener Pfeffer

8 EL Baumnuss-/Walnussöl oder natives Olivenöl extra

1 Die äußeren Blätter des Spinats entfernen. Tanzi empfiehlt, nur die «cuore di spinaci», d. h. die inneren zarten Blätter zu verwenden. Auf vier flache Teller verteilen.

2 Die Orangen großzügig schälen, die Fruchtfilets aus den Trennhäutchen lösen und entkernen.

3 Baumnüsse, Pancetta oder Speck über den Spinat verteilen, mit Orangenfilets garnieren. Die Vinaigrette darüber träufeln.

ZUCCHINI/ZUCCHETTI

Haben Sie Zucchiniblüten auf dem Markt oder im eigenen Garten gesichtet? Keine Frage – der Sommer ist da! Kälte mögen sie gar nicht, und so werden die Frost scheuenden, nicht rankenden Kleinkürbisse erst nach den Eisheiligen ins Freiland ausgesät oder gepflanzt. Zucchini/Zucchetti ist die Verkleinerungsform der italienischen Bezeichnung für «Zucca», den Überbegriff für alle Kürbisarten, denen – das macht auch der botanische Name «Cucurbita pepo L.» deutlich – auch die Zucchini angehören.

Auch ihre Samen wurden im 15. Jahrhundert von Seefahrern aus Mexiko nach den Mittelmeerländern gebracht. Sie gehören, neben Mais, Chili (Gewürzpaprika) und Avocados, zu den ältesten von den Indios in Mexiko kultivierten Pflanzen und sollen dort bereits 6000 Jahre vor Christi Geburt angebaut worden sein. Heute werden sie in allen Mittelmeerländern, also in Italien, Frankreich, Spanien, Israel und Griechenland, gewerblich angebaut, aber auch in den Niederlanden und England. In humusreichem Boden bei im Sommer mildem Klima gedeihen sie auch nördlich der Alpen; sie lassen sich dort an geschützter Stelle auch vorzüglich in (genügend großen!) Töpfen ziehen. So hat man dann, wenn die Lust nach frischem jungem Gemüse am größten ist, eines der köstlichsten Sommergemüse direkt vor der Tür!

Gerade zu dieser Jahreszeit kommen sie nämlich unserem Nahrungsbedarf sehr entgegen: Sie sind kalorienarm, wasserhaltig, haben eine ausgesprochen kurze Garzeit, an Inhaltsstoffen bringen sie Kohlenhydrate und Eiweiß, an Vitalstoffen Kalzium, Phosphor, Eisen, Provitamin A und Vitamin C auf den Teller. Zu schälen braucht man sie nicht, und ihre farblosen Samen, die ins Fruchtfleisch eingebettet sind, brauchen bei den jungen, frischen Exemplaren, deren ideale Länge zwischen 15 und 20 cm liegt, nicht entfernt zu werden. Dies ist nur bei zu groß geratenen Zucchini nötig, deren Samen zäh und geschmacklos sind.

Im übrigen lässt sich mit Zucchini fast alles anstellen: dünsten, braten, grillieren, marinieren, panieren, und – eine in Italien (und vielleicht auch bald bei Ihnen!) sehr beliebte Zubereitungsart – auf vielerlei Arten füllen. Ganz fein in Scheiben geschnitten, bereichern sie auch jeden Sommersalat – es geht aber auch anders, wie Küchenchef Claudio aus Rapolano Terme vormacht. Sehen Sie sich das fast verboten simple Rezept (Seite 117) einfach an und lassen Sie sich einen köstlichen Sommergenuss «auf der Zunge zergehen»!

Die köstlichen Rezepte aus dem Ristorante «Le volte» in Casale Marittimo stammen aus dem Fundus von Roberta Bougleux Giani.

SFORMATINO DI ZUCCHINE E MELANZANE

ZUCCHINI-AUBERGINEN-FLAN

für 4 Flanförmchen

40 g Butter
2 mittelgroße Auberginen, ca. 300 g
1 dl/100 ml natives Olivenöl extra
2 mittelgroße Zucchini, ca. 300 g
6 EL Paniermehl/Semmelbrösel
6 EL geriebener Parmesan
Salz
frisch gemahlener Pfeffer

weiche Butter für die Förmchen

Vinaigrette

2 EL Balsamico-Essig
Salz
frisch gemahlener Pfeffer
4 EL natives Olivenöl extra

1 Die Auberginen beidseitig kappen, ungeschält klein würfeln, in der Butter andünsten.

2 Die Zucchini beidseitig kappen, ungeschält klein würfeln, im Olivenöl andünsten.

3 Auberginen und Zucchini zusammen unter gelegentlichem Rühren bei schwacher Hitze 10 Minuten dünsten. Paniermehl und Parmesan unterrühren, mit Salz und Pfeffer würzen.

4 Den Backofen auf 180 °C vorheizen.

5 Die Flanförmchen mit Butter ausstreichen, mit der Gemüsemasse füllen und kräftig in die Förmchen drücken.

6 Die Förmchen in eine Gratinform oder in einen Bräter stellen. Bis auf 3/4 Förmchenhöhe mit Wasser füllen. Gratinform auf mittlerer Rille in den Ofen schieben, Flans bei 180 °C etwa 40 Minuten pochieren. Aus dem Ofen nehmen und abkühlen lassen.

7 Den Rand mit einem Messer lösen. Die Flans auf Teller stürzen. Mit der Vinaigrette beträufeln.

DANIA MASOTTI, RISTORANTE «LA CHIUSA», MONTEFOLLONICO/SIENA

FIORI DI ZUCCHINI RIPIENI

GEFÜLLTE ZUCCHINIBLÜTEN

8 Zucchiniblüten mit Frucht
150 g Ricotta
1 Freilandei
Salz
frisch gemahlener Pfeffer
1 Sträußchen Petersilie, fein gehackt

50 g Butter
4 reife Fleischtomaten, geschält, entkernt, gewürfelt
1 Prise Zucker
Salz
frisch gemahlener Pfeffer

1 Staubfäden und Stempel der Zucchiniblüten entfernen. Die Blüten können mit und ohne bereits entwickelter Frucht geerntet und zubereitet werden. Wenn der Zucchino mitgegart wird, sollte er fächerartig aufgeschnitten werden, damit die Garzeit der gefüllten Blüte und der jungen Frucht übereinstimmt.

2 Ricotta mit dem Ei verrühren, mit Salz und Pfeffer würzen, die Petersilie unterrühren. Die Zucchiniblüten mit der Ricottamasse Masse sorgfältig füllen und die Spitzen der Blüten leicht zusammendrücken.

3 Die Tomaten mit der Prise Zucker in der Butter andünsten, salzen und pfeffern und etwa 10 Minuten unter gelegentlichem Rühren köcheln lassen.

4 Die Zucchiniblüten sorgfältig in die Sauce geben und weitere 5 Minuten bei schwacher Hitze dünsten. Die Blüten zwei- bis dreimal mit einem Löffel wenden, bis sie ganz mit Sauce überzogen sind. Auf vorgewärmten Tellern anrichten.

CLAUDIO GIARDINIERE, RISTORANTE «IL SATIRO», RAPOLANO TERME/SIENA

INSALATA DI ZUCCHINI
ZUCCHINISALAT

4 kleine Zucchini

4 möglichst feine Spross (vom «Herz») Stangensellerie

1 Prise Salz

1/2 Zitrone, Saft

reichlich frisch geriebener Parmesan

1 Die Zucchini beidseitig kappen, nicht schälen. Die Zucchini und die Selleriesprossen auf einer mittelfeinen Gemüsereibe (die Bircher-Rohkostreibe ist zu fein, die Röstiraffel zu grob) in eine genügend große Schüssel reiben, mit Salz würzen, den Zitronensaft darüber gießen, sorgfältig vermengen.

2 Den Salat mit reichlich Parmesan bestreuen und mit dem Selleriegrün garnieren.

Wichtig: Der Salat soll «à la minute», d. h. kurz vor der Mahlzeit zubereitet werden, da er ziemlich rasch Wasser zieht!
(Bild)

ROBERTA BOUGLEUX GIANI, ALBERGO «LE VOLTE» CASALE MARITTIMO/PISA

ZUCCHINI FRITTI
FRITTIERTE ZUCCHINI

4 mittelgroße Zucchini

Weißmehl/Mehltyp 405

1 Freilandei

1/2 dl/50 ml Wasser

1/2 TL Salz

Olivenöl zum Frittieren

1 Die Zucchini beidseitig kappen, längs auf dem Gemüsehobel oder von Hand in 1 bis 3 mm dicke Scheiben schneiden.

2 In einer Fritteuse oder einer tiefen Bratpfanne reichlich Olivenöl auf ca. 180 °C erhitzen. Die richtige Temperatur ist erreicht, wenn ein Teigtropfen sofort an die Oberfläche steigt und sich Blasen bilden.

3 Die Zucchinischeiben zuerst im Mehl wenden, dann in die Wasser-Ei-Mischung (gut verquirlen) tauchen. Im Olivenöl portionsweise goldgelb frittieren, auf Küchenpapier abtropfen lassen, warm stellen.

DOMENICA PIRELLI-VITALI, SANTA MARIA DI LEUCA/LECCE

ACQUA CALDA
«WARMES WASSER»

200 g getrocknete weiße Bohnenkerne

200 g getrocknete Erbsen

4 EL natives Olivenöl extra

1 mittelgroße Zwiebel, fein gehackt

6–7 reife Fleischtomaten, geschält, entkernt, gewürfelt

600 g altbackenes Brot, in Stücke zerteilt

500 g Cima di rapa, Blüten und zarte Blätter

1/2 Schwarzkohl, in Streifen

1 l Wasser

1 Sträußchen Petersilie, fein gehackt

Salz

frisch gemahlener Pfeffer

200 g Parmesan nach Belieben

1 Am Vorabend die getrockneten Bohnenkerne und die Erbsen in einer Schüssel mit reichlich kaltem Wasser und einer Messerspitze Natron einweichen.

2 Am nächsten Tag das Einweichwasser mit den Hülsenfrüchten aufkochen, bei schwacher Hitze rund 45 Minuten sanft kochen. Nach der halben Garzeit, d. h. nach etwa 25 Minuten, das Kochwasser weggießen und durch einen Liter kochendes Wasser ersetzen.

3 In einem Kochtopf das Olivenöl erhitzen, die Tomaten und die Zwiebeln darin etwa 5 Minuten andünsten. Diesen «Soffritto» mit Brot, Cima di rapa und Schwarzkohl vermengen, zu den Hülsenfrüchten geben. Mit Salz und Pfeffer würzen, etwa 10 Minuten köcheln lassen. Zum Schluss die gehackte Petersilie dazugeben, nach Belieben Parmesan darüber reiben.

«Acqua calda» ist eine vollständige Mahlzeit, für die vornehmlich Gemüsereste verwendet werden, die beim Zubereiten anderer Gerichte häufig anfallen.

SPIEDINO DI VERDURA
GEMÜSESPIESS

für 4 bis 8 Spießchen

1 Aubergine

je 1 grüner, gelber und roter Peperoni/Paprikaschote

8 Cherrytomaten

2 Zucchini

4 kleine Zwiebeln

2 EL natives Olivenöl

Salz

frisch gemahlener Pfeffer

4–8 Holzspießchen

1 Die Aubergine beidseitig kappen und in 3 cm große Würfel schneiden. Die Peperoni halbieren, Stielansatz, Kerne sowie Scheidewände entfernen, in 3 cm x 3 cm große Stücke schneiden. Die Tomaten ganz lassen. Die Zucchini in 2 bis 3 cm dicke Scheiben schneiden. Die Zwiebeln schälen und halbieren.

2 Das Gemüse abwechslungsweise auf Holzspießchen stecken, mit Olivenöl bepinseln, über dem offenem Feuer oder in einer Grillpfanne 3 bis 4 Minuten grillieren. Das Gemüse darf ncch etwas knackig sein. Mit Salz und Pfeffer würzen.

Die junge Crew im Ristorante «Il Conte matto», die Geschwister David und Chiara und Davids Verlobte Aino aus Finnland

In der Küche des «Conte matto»: Albana, die junge Küchenhilfe

LITERATURVERZEICHNIS

Susanna Krebs und Hildegard Loretan. **Die Jahreszeiten-Küche.** Zürich: Unionsverlag, (Erklärung von Bern/Aktion Gesünder essen) 2. Auflage 1988

Fritz Keller (dipl.Ing.-Agr.ETH, Eidg. Forschungsanstalt für Obst, Wein und Gartenbau, Wädenswil); Jürg Lüthi (dipl.Ing.-Agr. ETH, Schweizerische Zentralstelle für Gemüsebau, Oeschberg, 3425 Koppigen). **100 Gemüse.** 3052 Zollikofen: Verlag LmZ, Landwirtschaftliche Lehrmittelzentrale, 1986

Odette Teubner, Andreas Miessmer, Hans-Georg Levin. **Das grosse Buch vom Gemüse.** München: Edition Teubner, 2002

Alice Vollenweider, **Die Küche der Toskana.** Berlin, Verlag Klaus Wagenbach, 2000

Pellegrino Artusi, **La scienza in cucina e l'arte di mangiar bene.** Firenze: Verlag/Edizione Giunti Marzocco, 108. Auflage 1983

Erica Bänziger, **Kochen mit Kohl & Co.** Edition FONA GmbH Lenzburg, 1999

«Ortofrutticoli – Prodotti Tradizionali», (Information über gewerblichen Gemüseanbau in Italien), 2002, ICE, Istituto Nazionale per il Commercio
Estero, Linea Agroindustria, Via Liszt, 21, 00144 Roma.

Günther Liebster, **Warenkunde Obst & Gemüse, Band II Gemüse.** Hädecke Verlag, Weil der Stadt, 2002

«ADAM UND EVA» – DER GANZ SPEZIELLE OLIVENBAUM ALS KUNSTOBJEKT – UND WAS ER MIT «VERDURA ITALIANA» ZU TUN HAT

Dass der international bekannte Schweizer Künstler Daniel Spoerri auch ein begnadeter Koch ist, ist bekannt. Am Monte Amiata, einem der prägnantesten Orte der Toskana, hat er den «Giardino di Daniel Spoerri» geschaffen, einen Skulpturengarten mit Werken vieler Künstlerfreunde aus aller Welt und eigenen Arbeiten. Daniel Spoerris Text zum «vergoldeten Olivenbaum» und das Rezept für eine Kräutersuppe von Barbara Räderscheidt sind nun auch die Brücke zum Olivenöl, der wichtigsten Grundzutat zu allen Rezepten in diesem Buch. Olivenöl, das «gelbe Gold», ist ein kostbares Geschenk der Natur, um das jeden Herbst gebangt werden muss. Der «vergoldete Olivenbaum» von Dani Karavan ist die schönste Ehrerbietung an diesen magischen Baum.

KRÄUTERSUPPE À LA MINUTE FÜR DANI KARAVAN AUS DEM «GIARDINO» IN SEGGIANO

von Barbara Räderscheidt und Daniel Spoerri

Sagen wir mal, dass sich zum Beispiel Dani Karavan ganz unerwartet anmeldet und nur ganz schnell den Skulpturengarten sehen will, damit er sich überlegen kann, was ihm dazu einfällt, das heißt, was er dazu beitragen könnte, und wie er sich zu der Landschaft verhalten soll. Es sind ja viele Olivenbäume da, und zwar die hiesigen, die aus wilden Olivensträuchern schon im Mittelalter von Mönchen in Seggiano gezogen wurden. Im Gegensatz zum kultivierten Olivenbaum, dem «olivo», heißen sie «Olivastra», und die im «Giardino» natürlich «Olivastra Seggianese». Man versprach sich robustere Bäume in der höheren und dementsprechend kälteren Lage.

Trotzdem sind in den achtziger Jahren Tausende von Bäumen erfroren, in ganz Italien waren es Millionen Bäume. Sie starben ab, wurden abgesägt und die Strünke dieser hundertjährigen Bäume zeugten überall von der Tragödie. Aber Oliven sterben nicht ganz: Nach etwa zehn Jahren sprießen rund um den Strunk Dutzende von neuen Schösslingen. Man lässt so einen Busch wachsen, bis man sieht, welches die stärksten neuen Stämmchen sind. Zwei, drei oder sogar vier lässt man stehen, der Rest wird jährlich im Frühling zurückgeschnitten. Und langsam, wirklich sehr langsam, kann man wieder neue Oliven ernten. Olivenbäume haben eine andere Lebensrechnung als wir; als Olivenbauer rechnet man in Generationen und nicht in Jahren.

Ich zeigte ihm einen Olivenbaum, der den Kälteeinbruch vor zwanzig Jahren überlebt hat, – aber wie! Als ob ein Blitz ihn entzweigespalten hätte – oder vielleicht war es auch ein Blitz – ist er bis auf den Boden in zwei Hälften geteilt. Diesen erstaunlichen Baum zeigte ich Dani, und er hat ihn sofort adoptiert: «Das ist ja Adam und Eva!». Aus je einem Teil, einer Seite und nicht einer Rippe. Im Hebräischen wird das deutlich, denn dort ist wie im Französichen von der «Seite» die Rede, «la côte», und das ist nicht das Kotelett. Aus einer Seite also, nicht aus einem Rippchen. Adam und Eva sind zwei Hälften eines Ganzen, und das Märchen vom Rippchen ist ein Übersetzungsfehler. Das war die Initialzündung für Dani Karavans Entscheidung für diesen besonderen Olivenbaum. Wir sollten ihm Fotos und Zeichnungen schicken, denn jetzt müsse er gehen. Es war schon späte Mittagszeit und gegessen hatten wir noch nichts. Es war auch nichts vorbereitet. Da sagte Barbara: «Gebt mir eine halbe Stunde, und ich mache Euch eine Kräutersuppe mit Kräutern von den Wiesen».

UND HIER IST DAS REZEPT DER BARBARISCHEN KRÄUTERSUPPE AUS DEM «GIARDINO»

Welche Wildkräuter man verwendet, hängt natürlich von der Jahreszeit und von der jeweiligen Gegend ab. **Löwenzahn** (Knospen und Blätter sind zu verwenden) und **Sauerampfer** sind zum Beispiel auf den Wiesen des Giardino relativ selten, im Gegensatz zu **Fenchelgrün**. **Brennnesselspitzen** sind ebenfalls geeignet, ihre blutreinigenden Eigenschaften sind ein angenehmer Nebeneffekt. **Vogelmiere** wächst an schattigen, etwas feuchten Stellen besonders üppig. Im «Giardino» findet man regelrechte kleine Felder dieses zarten saftigen «Unkrauts», und ich ernte davon mindestens sechs Hände voll, während ich mit Fenchel etwas sparsamer umgehe, damit er geschmacklich später nicht zu sehr hervorsticht. Das Laub der **Wilden Möhre**, der **Knoblauchrauke** und der **Schafgarbe** ist vor der Blüte weniger leicht zu finden, gerade dann aber zart und wohlschmeckend. Im «Giardino» gibt es glücklicherweise auch einige kleine **Brunnenkressevorkommen**. Sie verleihen der Suppe eine leichte Schärfe (eine Hand voll reicht). **Pimpernell** gehört zu meinen Lieblingskräutern. Es gibt eine fruchtige Note. Die Pflanze ist sehr robust und setzt sich auch dort durch, wo der Boden karg ist. Man findet sie sogar auf Schrottplätzen, im «Giardino» natürlich erst recht. Wenn man **Gundelmann** oder **Nelkwurz**, **wilden Nüssli-/Feldsalat** oder **Rucola** findet – hinein damit!

Ein mittelgroßes Sieb voller Kräuter wird schließlich gewaschen, gehackt und in einem Topf zu den (im «Giardino» natürlich in dem köstlichen **Olivenöl** der Olivastra Seggianese! Man kann aber auch Butter verwenden) glasig gedünsteten Würfelchen **einer Zwiebel** und **einer Karotte** gegeben. Knoblauch verwende ich im allgemeinen für diese Suppe nicht. Man löscht dann mit **6–8 Tassen Brühe** (oder Spargelwasser, wenn man zufällig hat) ab. Dann kommen noch **ein** bis **zwei** bis **drei klein gewürfelte Kartoffeln** hinzu (damit das Ganze ein bisschen sämig wird). **Salz** und **Pfeffer** selbstverständlich. Wenn man mag, auch **etwas Muskatnuss.** Etwa zwanzig Minütchen lässt man alles köcheln, bis die Kartoffeln weich sind. Dann püriert man die Suppe und rührt noch **etwas Milch** hinein (1/2 oder **1 Tasse**). **Rahm/Sahne** oder **Crème fraîche** geht auch, ist mir aber für dieses frische grüne Gericht zu schwer. Im Frühling sind alle Kräuter natürlich noch ganz zart und machen die Suppe besonders wohlschmeckend.

DIE SUPPE SCHMECKTE HERRLICH

Später besuchte ich Dani noch in seinem Pariser Atelier. Er hatte die Fotos und die Zeichnungen erhalten. Ich hatte fast einige Bedenken, dass er mir ein aufwendiges Projekt vorschlagen würde, das, den Spalt im Baumstamm aufnehmend, sich architektonisch in die Landschaft projizieren würde. – Stattdessen hatte er eine im wahrsten Sinne des Wortes «glänzende» Idee: Ich solle lediglich die Schnittflächen der beiden Teile des Baumes vergolden lassen. Zuerst sprach er von perfekt polierten, goldenen Spiegelflächen, aber als ich zu bedenken gab, dass die Sägespuren schon alt sind, und eine neuerliche Behandlung des Holzes dem Baum vielleicht abträglich sein könnten, widmete er die Rauhheit dieser Sägespuren mir und meiner Zufallsgläubigkeit. Erkundigen musste ich mich noch, ob das Auftragen einer Goldschicht dem Baum schaden könnte. Es wurde mir aber gesagt, dass Gold eine inertes Material sei, das man (z. B. in Form von Blattgold) sogar essen könne, das also, im Gegensatz zu Kupfer oder Blei, keine Eigenschaften habe, die dem Baum schaden könnten.

Und so geschah es: Die Vergoldung der zwei Seiten ist prächtig gelungen. Marina Bors hat das gut gemacht, und die Konturen lassen in der Tat unsere heute an Abstraktion gewöhnten Augen an zwei Formen denken, die sich aufeinander beziehen. «Eva» lässt eine schlanke Person mit flatterndem Haar vermuten und «Adam» ist, klassischem Rollenverständnis gemäß, größer und kräftiger.

Ich danke Dir, Dani, Barbara und Marina. D.S.